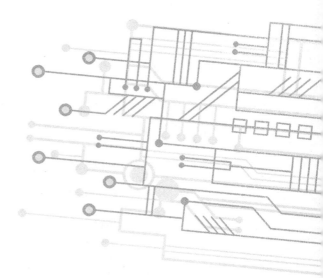

LUIZ RICARDO MANTOVANI DA SILVA

INTRODUÇÃO À COMPUTAÇÃO

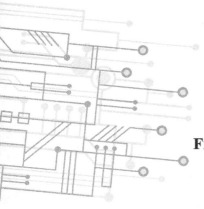

Freitas Bastos Ed

Copyright © 2025 by Luiz Ricardo Mantovani da Silva.

Todos os direitos reservados e protegidos pela Lei nº 9.610, de 19.2.1998.
É proibida a reprodução total ou parcial, por quaisquer meios, bem como a produção de apostilas, sem autorização prévia, por escrito, da Editora.
Direitos exclusivos da edição e distribuição em língua portuguesa:
Maria Augusta Delgado Livraria, Distribuidora e Editora

Direção Editorial: Isaac D. Abulafia
Gerência Editorial: Marisol Soto
Diagramação e Capa: Nilton Rezende
Copidesque: Lara Alves dos Santos Ferreira de Souza
Revisão: Enrico Miranda

Dados Internacionais de Catalogação na Publicação (CIP) de acordo com ISBD

S586i	Silva, Luiz Ricardo Mantovani da
	Introdução à computação / Luiz Ricardo Mantovani da Silva. - Rio de Janeiro, RJ : Freitas Bastos, 2025.
	318 p. : 15,5cm x 23cm.
	ISBN: 978-65-5675-482-6
	1. Ciência da Computação. I. Título.
	CDD 004
2025-413	CDU 004

Elaborado por Vagner Rodolfo da Silva - CRB-8/9410

Índice para catálogo sistemático:
1. Ciência da Computação 004
2. Ciência da Computação 004

Freitas Bastos Editora
atendimento@freitasbastos.com
www.freitasbastos.com

INTRODUÇÃO À COMPUTAÇÃO

Mestre em Ciências da Computação e professor universitário há nove anos, ministrando diversas disciplinas, entre elas, Sistemas Operacionais, Redes de Computadores e Sistemas Distribuídos. É associado do Instituto de Engenharia de São Paulo e da Abraweb. Autor de diversos livros na área de computação, é também sócio--fundador da Mantovani Technology and Innovation.

Luiz Ricardo Mantovani da Silva

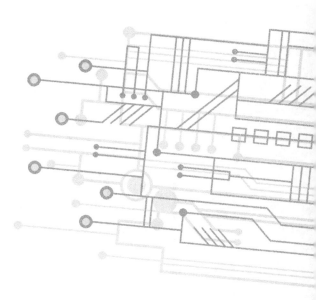

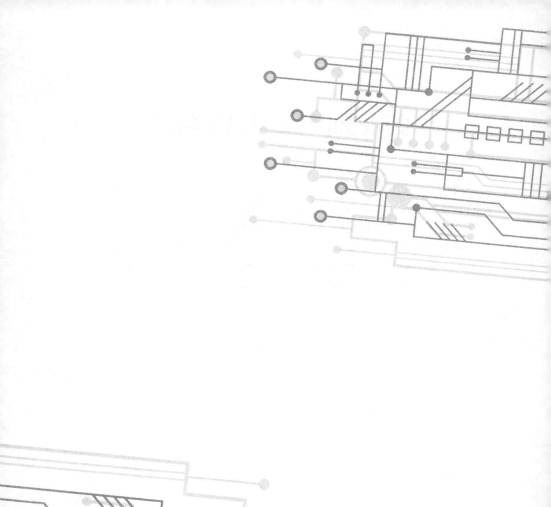
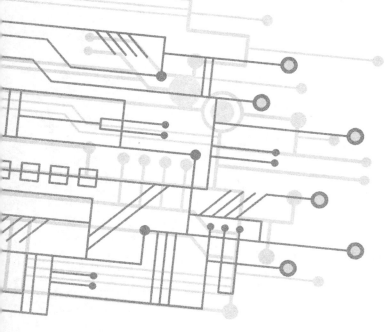

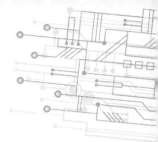

SUMÁRIO

Capítulo 1: Introdução 11
  1.1 Conceitos Iniciais 11
      1.1.1 Alguns Termos Técnicos 11
      1.1.2 A Importância da Computação 13
  1.2 Impacto da Computação na Sociedade 17
      1.2.1 Interdisciplinaridade 20
  1.3 Motivação 24
      1.3.1 Desenvolvimento de Habilidades Práticas 24
      1.3.2 Resolução de Problemas 26
      1.3.3 Inovação Tecnológica 27
  1.4 Histórico e Desenvolvimento dos Computadores 30
      1.4.1 Primeiros Dispositivos Mecânicos 30
      1.4.2 Século XIX: Início da Computação Teórica 33
      1.4.3 Início do Século XX: Avanços Teóricos e Práticos 36
      1.4.4 Segunda Guerra Mundial e Pós-Guerra 38
      1.4.5 Avanços na Eletrônica 41
      1.4.6 A Era dos Computadores Pessoais 44
      1.4.7 Desenvolvimentos Recentes 48
  1.5 Organização dos Computadores 52
      1.5.1 Arquitetura 52
      1.5.2 Conceitos Básicos em Informática 75
  Questionário do Capítulo 1 77
Capítulo 2. Conceitos Básicos 79
  2.1. Definição de Computador 79
  2.2. Composição Básica do Computador 83
  2.3. Sistemas Numéricos 90
      2.3.1 Sistema Binário 90
      2.3.2 Sistema Decimal 93
      2.3.3. Sistema Hexadecimal 97
  2.4. Noções de Lógica e Algoritmos 101
      2.4.1 Noções de Lógica 101
      2.4.2 Algoritmos 104
  2.5 Linguagens de Programação 109
      2.5.1 Conceitos Básicos 109
      2.5.2 Classificação das Linguagens de Programação 110

  2.5.3 Exemplos de Linguagens de Programação 110
  2.5.4 Compiladores e Interpretadores 111
  2.5.5 Tendências Atuais em Linguagens de Programação 112
 2.6 Introdução ao MATLAB 113
  2.6.1 O Que é MATLAB? 114
  2.6.2 Principais Funcionalidades 114
  2.6.3 Aplicações do MATLAB 114
  2.6.4 Ambiente de Trabalho do MATLAB 115
  2.6.5 Exemplos Práticos 115
  2.6.6 Benefícios do Uso do MATLAB 116
 Questionário do Capítulo 2 117

Capítulo 3: História da Computação 119
 3.1 Evolução dos Sistemas Computadorizados 119
  3.1.1 Primeiros Dispositivos de Cálculo 119
  3.1.2 Máquinas Mecânicas 119
  3.1.3 Primeiros Computadores Programáveis 120
  3.1.4 Era dos Computadores Eletrônicos 122
  3.1.5 Transistores e Circuitos Integrados 123
  3.1.6 Computadores Pessoais 125
  3.1.7 Era da Computação em Rede 128
 Questionário do Capítulo 3 130

Capítulo 4: Processamento de Dados 131
 4.1 Entrada, Processamento e Saída 131
  4.1.1 Entrada 131
  4.1.2 Processamento 135
  4.1.3 Saída 136
  4.1.4 Importância da Saída de Dados 138
 4.2 Definição de Dado 138
  4.2.1 O Que é um Dado? 139
  4.2.2 Características dos Dados 139
  4.2.3 Tipos de Dados 139
  4.2.4 Importância dos Dados 140
  4.2.5 Exemplos de Dados na Prática 140
  4.2.6 Desafios na Gestão de Dados 141
  4.2.7 Ferramentas e Tecnologias para Gerenciamento de Dados . 142
 4.3. Definição de Informação 143
  4.3.1 O Que é Informação? 143
  4.3.2 Características da Informação 143

4.3.3 Tipos de Informação 144
4.3.4 Importância da Informação 144
4.3.5 Exemplos de Uso da Informação na Prática 145
4.3.6 Desafios na Gestão da Informação 146
4.3.7 Ferramentas e Tecnologias para Gestão da Informação... 147
4.4. Definição de Conhecimento 148
    4.4.1 A Natureza do Conhecimento 148
    4.4.2 A Criação do Conhecimento 149
    4.4.3 A Gestão do Conhecimento 149
    4.4.4 Importância do Conhecimento 150
    4.4.5 Exemplos de Aplicação do Conhecimento 150
    4.4.6 Desafios na Gestão do Conhecimento 151
    4.4.7 Ferramentas e Tecnologias para Gestão do Conhecimento. 152
4.5. Exemplos Aplicáveis do Capítulo 152
    4.5.1. Entrada de Dados em um Sistema Bancário 153
    4.5.2. Processamento de Dados em Comércio Eletrônico 153
    4.5.3. Saída de Dados em Monitoramento de Saúde 153
Questionário do Capítulo 4 154

Capítulo 5: Hardware 155
5.1. Definição de Hardware 155
5.2 Arquitetura dos Componentes de Hardware 155
    5.2.1 CPU 55
    5.2.2 Memória Principal (RAM) 160
    5.2.3 Dispositivos de Armazenamento 166
    5.2.4 Dispositivos de Entrada e Saída (E/S) 171
    5.2.5 Placa-Mãe 176
    5.2.6 Fonte de Alimentação (PSU) 181
    5.2.7 Sistema de Resfriamento 187
5.3. Sistemas de Entrada e Saída (E/S) 192
    5.3.1 Barramentos de Comunicação 193
    5.3.2 Técnicas de Controle de Fluxo em Sistemas E/S 196
5.4 Exemplos Aplicáveis 197
5.5 Considerações Finais 201
Questionário do Capítulo 5 202

Capítulo 6: Software e Sistema 205
6.1. Definição de Software 205
6.2. Definição de Sistema 205
6.3. Diferença entre Software e Sistema 206

6.4. Exemplos Aplicáveis do Capítulo 207
Questionário do Capítulo 6 208
Capítulo 7: Redes de Computadores 209
7.1. Definição 209
7.2. Tipos de Rede 209
    7.2.1. Ethernet 210
    7.2.2. Wi-Fi 211
7.3. Topologia 211
7.4. Exemplos Aplicáveis do Capítulo 212
Questionário do Capítulo 7 214
Capítulo 8: Estruturas de Controle 215
8.1. Estruturas Sequenciais 215
8.2. Estruturas Condicionais ou de Seleção 215
    8.2.1. Estruturas Condicionais Simples 215
    8.2.2. Estruturas Condicionais Compostas 216
8.3. Estruturas de Repetição 217
    8.3.1. Estruturas de Repetição Definidas 217
    8.3.2. Estruturas de Repetição Indefinidas 217
8.4. Exemplos Aplicáveis do Capítulo 218
Questionário do Capítulo 8 221
Capítulo 9: Estruturas de Dados 223
9.1. Introdução 223
9.2. Variáveis Compostas Homogêneas 223
    9.2.1. Variáveis Compostas Unidimensionais 223
    9.2.2. Variáveis Compostas Multidimensionais 224
9.3. Variáveis Compostas Heterogêneas 225
    9.3.1. Registros 225
    9.3.2. Conjunto de Registros 226
Questionário do Capítulo 9 227
Capítulo 10: Modularização 229
10.1 Introdução 229
10.2 Módulos e Ferramentas para Modularização 229
10.3 Escopo de Variáveis 231
10.4 Contexto dos Módulos 233
Questionário do Capítulo 10 236
Capítulo 11: Arquivos 237
11.1 Conceito de Arquivo 237
11.2 Organização de Arquivos 237
    11.2.1 Organização Sequencial 237

11.2.2 Organização Direta 238
11.2.3 Organização Indexada 238
11.3 Declaração 238
11.4 Manipulação de Arquivos 239
    11.4.1 Abertura de Arquivo 239
    11.4.2 Fechamento de Arquivo 239
    11.4.3 Copiando um Registro 239
    11.4.4 Guardando um Registro 239
    11.4.5 Eliminando um Registro 240
11.5 Organização Sequencial 240
    11.5.1 Comando de Entrada 240
    11.5.2 Comando de Saída 240
11.6 Organização Direta 240
    11.6.1 Comando de Entrada 240
    11.6.2 Comando de Saída 241
11.7 Considerações sobre Gerenciamento de Arquivos 241
    11.7.1 Controle de Versão 241
    11.7.2 Backup e Recuperação de Dados 242
    11.7.3 Segurança de Arquivos 242
11.8 Arquiteturas de Sistemas de Arquivos 242
    11.8.1 FAT32 242
    11.8.2 NTFS 242
    11.8.3 ext4 243
    11.8.4 HFS+ 243
11.9 Técnicas de Otimização de Arquivos 243
    11.9.1 Compactação de Dados 243
    11.9.2 Desfragmentação 244
    11.9.3 Índices 244
11.10 Futuro dos Sistemas de Arquivos 244
    11.10.1 Sistemas de Arquivos Distribuídos 244
    11.10.2 Armazenamento em Nuvem 244
    11.10.3 *Blockchain* 245
11.11 Considerações Finais 245
Questionário do Capítulo 11 245
Capítulo 12: Inovações Tecnológicas (Atualidades) 247
12.1 Tecnologias Emergentes em Computação 247
    12.1.1 Computação Quântica 247
    12.1.2 Biocomputação 247

12.1.3 Computação Neuromórfica.. 248
12.2 IA e AM.. 248
 12.2.1 Aprendizado de Máquina 248
 12.2.2 Aplicações da IA 248
12.3 Computação em Nuvem... 249
 12.3.1 Modelos de Serviço.. 249
12.4 IoT.. 249
 12.4.1 Aplicações da IoT 250
12.5 Cibersegurança e Proteção de Dados... 250
 12.5.1 Técnicas de Proteção.. 250
12.6 Exemplos Aplicáveis do Capítulo 251
 12.6.1 Diagnóstico Assistido por IA... 251
 12.6.2 Automação Industrial... 251
 12.6.3 Educação Personalizada... 251
Questionário do Capítulo 12.. 251
Capítulo 13. Respostas às Perguntas dos Capítulos 253
Questionário do Capítulo 1: Respostas.. 253
Questionário do Capítulo 2: Respostas.. 257
Questionário do Capítulo 3: Respostas.. 261
Questionário do Capítulo 4: Respostas.. 265
Questionário do Capítulo 5: Respostas.. 269
Questionário do Capítulo 6: Respostas.. 276
Questionário do Capítulo 7: Respostas.. 280
Questionário do Capítulo 8: Respostas.. 285
Questionário do Capítulo 9: Respostas.. 291
Questionário do Capítulo 10: Respostas.. 295
Questionário do Capítulo 11: Respostas.. 301
Questionário do Capítulo 12: Respostas.. 305
Referências Bibliográficas 309

CAPÍTULO 1: INTRODUÇÃO

1.1 CONCEITOS INICIAIS

A computação é um campo vasto e em constante evolução, cuja influência se estende por praticamente todas as áreas da vida moderna. Desde os dispositivos móveis que usamos diariamente até os sistemas complexos que governam infraestruturas críticas, a computação é fundamental para o funcionamento do mundo contemporâneo. Para estudantes de Ciências da Computação e Engenharia, entender os fundamentos da computação é essencial, pois esses conhecimentos são aplicáveis em diversas disciplinas e projetos técnicos.

1.1.1 Alguns Termos Técnicos

Para facilitar a compreensão dos tópicos seguintes, é importante familiarizar-se com alguns termos técnicos frequentemente usados em computação:

- **Algoritmo:** sequência de instruções definidas para resolver um problema específico. Um algoritmo é essencialmente um conjunto de passos que descrevem como realizar uma tarefa ou resolver um problema de forma sistemática e eficiente. Por exemplo, um algoritmo para classificar uma lista de números pode ser implementado de várias maneiras, como o algoritmo de ordenação por inserção, o algoritmo de ordenação rápida (*quicksort*), entre outros (Cormen *et al.*, 2009).

- **Bit**: a menor unidade de informação em um computador, representando 0 ou 1. Cada bit é uma posição binária e, por meio da combinação de múltiplos bits, formamos unidades maiores de dados. Por exemplo, uma combinação de 8 bits pode representar um byte, permitindo a codificação de 256 valores diferentes (Stallings, 2021a).
- **Byte:** conjunto de 8 bits. Um byte pode representar 256 valores diferentes (de 0 a 255) e é frequentemente usado para codificar um único caractere de texto em um computador. Por exemplo, a letra "A" é representada pelo valor 65 em código ASCII, que em binário é 01000001 (Patterson; Hennessy, 2017).
- **Compilador:** programa que traduz código-fonte de uma linguagem de programação para código de máquina. O compilador transforma o código legível por humanos em um formato executável pelo computador, permitindo que os programas sejam executados eficientemente. Existem diferentes fases em um processo de compilação, como análise léxica, análise sintática, otimização e geração de código (Aho *et al.*, 2006).
- **Rede de computadores:** conjunto de computadores interconectados que compartilham recursos e informações. Redes de computadores permitem a comunicação e a troca de dados entre dispositivos, essencial para a internet e outros sistemas distribuídos. Exemplos de redes incluem redes locais (LANs), que conectam computadores dentro de um local físico restrito, e redes de longa distância (WANs), que conectam computadores distribuídos geograficamente (Tanenbaum; Wetherall, 2011).
- **Sistema operacional:** software que gerencia os recursos de hardware e software do computador, fornecendo serviços essenciais para a execução de programas de aplicação. Exemplos de sistemas operacionais incluem Windows,

macOS e Linux. O sistema operacional gerencia tarefas como controle de processos, gestão de memória, controle de dispositivos de entrada e saída, e gerenciamento de arquivos (Silberschatz; Galvin; Gagne, 2018).
- **Linguagem de programação:** conjunto de regras e sintaxe usadas para escrever programas de computador. As linguagens de programação podem ser de baixo nível, como Assembly, que são mais próximas do código de máquina, ou de alto nível, como Python, Java e C++, que são mais abstratas e fáceis de usar por humanos (Languages, 2020).

Banco de dados: sistema organizado para armazenamento, gestão e recuperação de dados. Bancos de dados podem ser estruturados de várias maneiras, como relacionais, que utilizam tabelas para representar dados e suas relações, ou NoSQL, que são mais flexíveis e podem armazenar dados em formatos como documentos, grafos ou pares chave-valor (Date, 2004).

Neste capítulo introdutório, cobrimos os conceitos fundamentais que serão explorados mais detalhadamente nos capítulos subsequentes. A compreensão desses conceitos iniciais é crucial para o estudo aprofundado da computação e suas aplicações práticas.

1.1.2 A Importância da Computação

A computação não é apenas uma área de estudo acadêmico, mas também um motor de inovação e eficiência em muitos setores. Suas aplicações abrangem:
- **Comunicação:** por meio de redes e dispositivos móveis, permitindo a troca de informações em tempo real. A computação facilita a comunicação global instantânea por meio de *e-mails*, videoconferências, redes sociais e aplicativos de mensagens, conectando pessoas independentemente da distância geográfica (Tanenbaum; Wetherall, 2011b). Além

disso, a computação móvel revolucionou a forma como interagimos, com *smartphones* e *tablets* oferecendo acesso constante à internet e a diversos serviços de comunicação (Liao *et al.*, 2015).

Figura 1.1 – Pessoas conversando ao celular

Fonte: DALL-E IA.

- **Indústria e manufatura:** automação de processos produtivos, controle de qualidade e gestão de operações. A implementação de sistemas computacionais nas indústrias permite a automação de linhas de produção, resultando em maior precisão e eficiência. Tecnologias como a robótica industrial e os sistemas de controle distribuído (DCS) são amplamente utilizadas para monitorar e controlar processos industriais complexos, garantindo a qualidade e a produtividade (Groover, 2014).

Figura 1.2 – Processo industrial automatizado

Fonte: Robotics Lab, 2020.

- **Saúde:** diagnóstico assistido por computador, gerenciamento de registros médicos e pesquisas biotecnológicas. Sistemas de computação são cruciais para o desenvolvimento de tecnologias médicas avançadas, como sistemas de imagem por ressonância magnética (MRI), tomografia computadorizada (CT) e ultrassonografia. Além disso, os registros eletrônicos de saúde (EHR) melhoram a eficiência e a precisão no gerenciamento de informações médicas, enquanto a bioinformática utiliza computação para análise de dados genômicos e desenvolvimento de novas terapias (Shortliffe; Cimino, 2013).

Figura 1.3 – Diagnóstico assistido por computador

Fonte: Instituto Federal do Ceará, 2020.

- **Educação:** ferramentas de aprendizado *online*, simulações interativas e gestão de instituições educativas. A computação transformou a educação ao permitir a criação de ambientes de aprendizagem virtual e cursos *online* (*e-learning*), proporcionando acesso ao conhecimento a um público global. Ferramentas como plataformas de gestão de aprendizado (LMS) auxiliam na administração de cursos e avaliações, enquanto simulações interativas e laboratórios virtuais proporcionam experiências práticas em áreas como física, química e engenharia (Bates; Sangra, 2011).

Figura 1.4 – Plataformas LMS

Fonte: Una Aguja en un Pajar, 2021.

- **Infraestrutura:** gestão de redes elétricas, sistemas de transporte inteligente e monitoramento ambiental. Sistemas de computação são essenciais para a operação e manutenção de infraestruturas críticas. Na gestão de redes elétricas, sistemas de controle supervisório e aquisição de dados (SCADA) monitoram e controlam a distribuição de energia elétrica. Sistemas de transporte inteligente (ITS) melhoram a eficiência e a segurança do tráfego urbano por meio de controle de sinalização, monitoramento de tráfego e gestão de transporte público. Além disso, tecnologias de sensoriamento remoto e sistemas de informação geográfica (SIG) são usados no monitoramento ambiental para rastrear mudanças nos ecossistemas e responder a desastres naturais (Taubenböck et al., 2012).

1.2 IMPACTO DA COMPUTAÇÃO NA SOCIEDADE

A computação tem um impacto profundo e multifacetado na sociedade, transformando a maneira como vivemos, trabalhamos e nos comunicamos. Alguns exemplos de impacto incluem:

- **Economia digital:** empresas como Amazon, Google e Microsoft têm revolucionado o comércio, a publicidade e os serviços em nuvem, criando novas oportunidades de negócios e empregos. A economia digital permite transações financeiras rápidas e seguras, acesso a mercados globais e a criação de novos modelos de negócios, como *marketplaces online* e serviços de assinatura. Além disso, a publicidade digital oferece uma segmentação precisa do público-alvo, aumentando a eficácia das campanhas publicitárias (Tapscott, 2014).

- **Ciência e pesquisa:** simulações computacionais e análises de *big data* aceleram descobertas científicas e inovações tecnológicas. Na ciência, a computação permite modelar fenômenos complexos, como a previsão do clima e a simulação de reações químicas, que seriam inviáveis de serem reproduzidos experimentalmente. Além disso, a análise de grandes volumes de dados, como aqueles gerados por experimentos de física de partículas ou sequenciamento genômico, é fundamental para avançar o conhecimento em várias áreas do saber (Hey; Tansley; Tolle, 2009).
- **Segurança e privacidade:** a cibersegurança se tornou crucial para proteger informações sensíveis contra ameaças e ataques cibernéticos. Com a digitalização crescente de dados pessoais e corporativos, a proteção contra violações de dados, fraudes e espionagem se tornou uma prioridade. Soluções de segurança incluem criptografia, *firewalls*, sistemas de detecção de intrusões e protocolos de autenticação. A privacidade também é uma preocupação crescente, com legislações como o Regulamento Geral sobre a Proteção de Dados (GDPR) na Europa estabelecendo diretrizes rígidas sobre como os dados pessoais devem ser coletados, armazenados e utilizados (Schneier, 2015).
- **Educação e aprendizado:** a computação transformou o campo da educação ao introduzir ferramentas e plataformas digitais que facilitam o ensino e o aprendizado. Cursos *online*, recursos educacionais abertos (OER) e ambientes virtuais de aprendizagem (VLE) permitem que estudantes de todo o mundo tenham acesso a uma educação de qualidade. Tecnologias como inteligência artificial e aprendizado adaptativo personalizam a experiência de aprendizagem, ajudando a identificar áreas de dificuldade e oferecendo recursos específicos para melhorar o desempenho dos alunos (Bates; Sangra, 2011).

- **Saúde e medicina:** a computação desempenha um papel vital na modernização dos cuidados de saúde, desde a administração de registros eletrônicos de saúde (EHR) até a análise de *big data* para pesquisa médica. Tecnologias como a telemedicina permitem que pacientes em áreas remotas acessem cuidados médicos especializados, enquanto ferramentas de análise de dados ajudam a identificar tendências e prever surtos de doenças. A inteligência artificial está sendo utilizada para desenvolver sistemas de diagnóstico assistido, que aumentam a precisão e a velocidade do diagnóstico médico (Shortliffe; Cimino, 2013).
- **Entretenimento e mídia:** a computação transformou a indústria do entretenimento, desde a criação de efeitos visuais impressionantes em filmes até a distribuição digital de música, livros e jogos. Plataformas de *streaming*, como Netflix e Spotify, utilizam algoritmos de recomendação para personalizar o conteúdo, melhorando a experiência do usuário. Além disso, a realidade aumentada (RA) e a realidade virtual (RV) estão criando formas de entretenimento imersivo e interativo (Manovich, 2001).
- **Transporte e logística:** a computação otimizou sistemas de transporte e logística, melhorando a eficiência e reduzindo custos. Sistemas de gerenciamento de transporte (TMS) e sistemas de controle de tráfego utilizam dados em tempo real para otimizar rotas e reduzir congestionamentos. Veículos autônomos e drones estão sendo desenvolvidos para tornar o transporte de mercadorias mais seguro e eficiente. Além disso, a internet das coisas (IoT) está sendo aplicada na gestão de frotas e na monitoração de condições de carga em tempo real (DHL, 2016).

1.2.1 Interdisciplinaridade

A computação se integra a várias outras disciplinas, proporcionando ferramentas e técnicas que aprimoram a eficiência e a inovação em diversas áreas da engenharia:

- **Engenharia Civil:** modelagem de estruturas, gestão de projetos e análise de impacto ambiental. Ferramentas de software como AutoCAD, Revit e Civil 3D permitem a criação de modelos detalhados e precisos de estruturas, facilitando o planejamento e a execução de projetos.

Figura 1.5 – Interface do Revit 2024

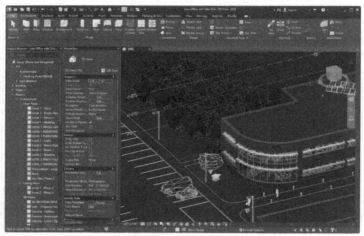

Fonte: PASS26, 2024.

Além disso, sistemas de gestão de projetos como Primavera e Microsoft Project ajudam na coordenação de recursos, cronogramas e custos, garantindo que os projetos sejam concluídos no prazo e dentro do orçamento. Simulações computacionais também são usadas para avaliar o impacto ambiental de novos projetos, auxiliando na tomada de decisões sustentáveis (Yanez *et al.*, 2010).

- **Engenharia Elétrica:** *design* e controle de circuitos eletrônicos, sistemas de energia e telecomunicações. Softwares de *design* assistido por computador (CAD), como Altium Designer e PSpice, são usados para projetar e simular circuitos eletrônicos complexos.

Figura 1.6 – Interface do Altium Designer

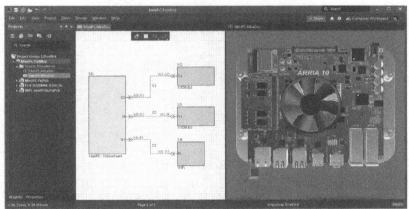

Fonte: Altium, 2024.

Sistemas de gestão de energia e redes inteligentes (*smart grids*) utilizam algoritmos de otimização e técnicas de *machine learning* para melhorar a eficiência energética e a confiabilidade da rede. Em telecomunicações, ferramentas de simulação de rede ajudam a planejar e otimizar redes de comunicação, garantindo uma cobertura e um desempenho ideais (Rasheed *et al.*, 2019).

- **Engenharia Mecânica:** simulação de mecânica dos fluidos, análise de tensões e desenvolvimento de novos materiais. Softwares de simulação como ANSYS, SolidWorks e COMSOL Multiphysics permitem a modelagem e a análise de sistemas mecânicos complexos, incluindo a dinâmica dos fluidos, a transferência de calor e as tensões estruturais.

Figura 1.7 – Interface do Comsol Multiplysics

Fonte: COMSOL, 2024.

Essas ferramentas são essenciais PARA o desenvolvimento e a otimização de novos produtos e materiais, permitindo a realização de testes virtuais antes da produção física. Além disso, técnicas de engenharia assistida por computador (CAE) ajudam a melhorar a precisão e a eficiência do processo de *design* (Friedrich, 2002).

- **Engenharia de Software:** desenvolvimento de sistemas complexos, metodologias ágeis e gestão de projetos de software. Ferramentas de desenvolvimento integrado (IDEs), como Eclipse, Visual Studio e IntelliJ IDEA, facilitam a codificação, a depuração e o teste de software.

Figura 1.8 – Interface do Visual Studio Code

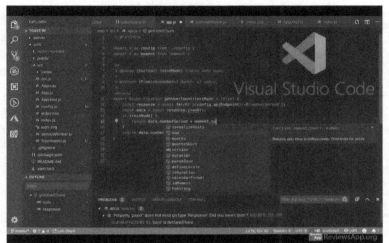

Fonte: Reviewsapp, 2024.

Metodologias ágeis, como Scrum e Kanban, promovem a colaboração e a flexibilidade, permitindo que as equipes de desenvolvimento respondam rapidamente às mudanças nos requisitos do projeto. Sistemas de controle de versão, como Git e Subversion, ajudam a gerenciar mudanças no código-fonte e a colaborar eficientemente em grandes equipes (Pressman, 2014).

- **Engenharia Ambiental:** monitoramento e gestão de recursos naturais, modelagem de poluição e mitigação de desastres ambientais. Sistemas de informação geográfica (SIG) e ferramentas de sensoriamento remoto são usados para monitorar e analisar dados ambientais, como a qualidade da água, a do ar e a do solo. Modelos computacionais ajudam a prever a dispersão de poluentes e a avaliar os impactos ambientais de novas construções ou atividades industriais. Essas tecnologias são essenciais para o desenvolvimento de estratégias de mitigação e planos de resposta a emergências (Chen *et al.*, 2012).

- **Engenharia Biomédica:** desenvolvimento de dispositivos médicos, análise de imagens médicas e bioinformática. Ferramentas computacionais são usadas no *design* e na simulação de dispositivos médicos, como próteses, implantes e equipamentos de diagnóstico. A análise de imagens médicas utiliza algoritmos de processamento de imagem para melhorar a detecção e o diagnóstico de doenças. Na bioinformática, técnicas de análise de dados são aplicadas ao estudo de sequências de DNA e proteínas, facilitando a descoberta de novos tratamentos e terapias (Enderle; Bronzino, 2012).

1.3 MOTIVAÇÃO

Entender a computação é essencial não apenas para profissionais da área, mas também para qualquer indivíduo que interage com tecnologia. A motivação para estudar computação é vasta e diversificada, abrangendo o desenvolvimento de habilidades práticas, a resolução de problemas complexos, a inovação tecnológica e a interdisciplinaridade. Vamos explorar cada um desses aspectos com mais profundidade.

1.3.1 Desenvolvimento de Habilidades Práticas

As habilidades em computação são altamente demandadas no mercado de trabalho, e sua importância só tende a crescer com o avanço tecnológico. Estudar computação permite o desenvolvimento de competências práticas, como:

- **Programação:** aprender linguagens de programação como Python, Java e C++ é fundamental para criar softwares, aplicativos e sistemas. A programação é a base da computação, permitindo a criação de soluções personalizadas e a automação de tarefas. Essas linguagens são amplamente usadas em diversas aplicações, desde o desenvolvimento de sistemas embarcados até aplicativos móveis e soluções empresariais (Lutz, 2013).

- **Desenvolvimento Web:** compreender HTML, CSS e JavaScript possibilita a criação de *sites* e aplicações web interativas. O desenvolvimento web é uma habilidade essencial no mundo digital atual, permitindo que empresas e indivíduos criem plataformas *online* para comércio, comunicação e informação. *Frameworks*, como React, Angular e Vue.js, aumentam a eficiência e a funcionalidade no desenvolvimento de interfaces de usuário (Castro, 2012).
- **Banco de dados:** habilidades em gerenciamento de banco de dados são cruciais para armazenar, organizar e acessar grandes volumes de dados. Sistemas de gerenciamento de banco de dados (DBMS) como MySQL, PostgreSQL e MongoDB são usados para manter a integridade e a acessibilidade dos dados, suportando operações críticas em empresas de todos os tamanhos. Compreender SQL (*Structured Query Language*) e técnicas de modelagem de dados é fundamental para a análise e a manipulação eficaz de dados (Date, 2004).
- **Redes e segurança:** conhecimentos em redes de computadores e cibersegurança são vitais para proteger informações e garantir a comunicação segura entre sistemas. As redes de computadores formam a espinha dorsal da infraestrutura de TI, permitindo a conectividade e a comunicação. A cibersegurança, por sua vez, protege contra ameaças e vulnerabilidades, garantindo a integridade, a confidencialidade e a disponibilidade dos dados (Stallings, 2021b).
- **Análise de dados:** ferramentas e técnicas de análise de dados permitem a extração de *insights* valiosos a partir de grandes conjuntos de dados. A análise de dados é crucial em várias disciplinas, incluindo negócios, ciência e engenharia, ajudando a tomar decisões informadas e baseadas em evidências. Ferramentas como R, Python (com bibliotecas como Pandas e NumPy) e softwares de visualização de dados como Tableau são amplamente utilizadas (Han; Kamber; Pei, 2011).

Essas habilidades práticas são não apenas requisitadas em diversas indústrias, mas também são aplicáveis em muitos aspectos da vida cotidiana e profissional. A capacidade de programar, gerenciar dados, desenvolver para a web, e proteger redes e informações proporciona uma base sólida para enfrentar os desafios tecnológicos e aproveitar as oportunidades no mercado de trabalho.

1.3.2 Resolução de Problemas

A computação oferece uma abordagem sistemática e eficiente para resolver problemas complexos. Algumas formas pelas quais a computação facilita a resolução de problemas incluem:

- **Algoritmos e estruturas de dados:** algoritmos eficientes e estruturas de dados bem projetadas são fundamentais para resolver problemas de forma rápida e eficaz. Por exemplo, algoritmos de busca e ordenação são utilizados para manipular grandes conjuntos de dados, enquanto estruturas de dados como árvores, grafos e *hash tables* organizam dados para acessos rápidos e eficientes (Cormen *et al.*, 2009).
- **Simulação e modelagem:** ferramentas de simulação permitem a modelagem de fenômenos complexos, desde a previsão do tempo até o comportamento de mercados financeiros. A simulação ajuda a prever o desempenho de sistemas sob diferentes condições, permitindo a tomada de decisões informadas sem a necessidade de experimentação física (Law, 2014).
- **Automação:** a criação de *scripts* e programas automatiza tarefas repetitivas, aumentando a produtividade e reduzindo a margem de erro. A automação é aplicada em diversas áreas, como na execução de testes de software, na administração de sistemas e na análise de dados, liberando tempo para atividades mais complexas e criativas (Russell; Norvig, 2016).

- **Análise de padrões:** técnicas de aprendizado de máquina e inteligência artificial identificam padrões em grandes conjuntos de dados, proporcionando soluções para problemas que antes eram intratáveis. Essas técnicas são usadas em áreas como reconhecimento de voz, visão computacional e recomendação de produtos, melhorando a precisão e a personalização dos serviços oferecidos (Goodfellow; Bengio; Courville, 2016).

1.3.3 Inovação Tecnológica

Conhecimentos em computação são um catalisador para a criação de novas tecnologias e soluções inovadoras. Estudar computação abre portas para a inovação em várias áreas, como veremos a seguir.

- **Inteligência Artificial (IA)**

A inteligência artificial (IA) é um dos campos mais dinâmicos e promissores da computação. Envolve o desenvolvimento de sistemas inteligentes que podem aprender, adaptar-se e tomar decisões com base em dados. Aplicações de IA estão presentes em diversos setores, incluindo:

- **Reconhecimento de imagem e visão computacional:** sistemas de IA são capazes de identificar e classificar objetos em imagens e vídeos, aplicando-se desde a segurança até a medicina, como na detecção de tumores em exames de imagem (Goodfellow; Bengio; Courville, 2016).
- **Processamento de Linguagem Natural (PLN):** técnicas de PLN permitem que máquinas compreendam e respondam a linguagem humana. Exemplos incluem assistentes virtuais como Siri e Alexa, e sistemas de tradução automática (Russell; Norvig, 2016).

- **Sistemas de recomendação:** algoritmos de IA analisam o comportamento do usuário para sugerir produtos, filmes ou músicas, melhorando a experiência do usuário em plataformas como Amazon, Netflix e Spotify (Ricci *et al.*, 2011).
- **Internet das Coisas (IoT)**

A Internet das Coisas (IoT) refere-se à interconexão de dispositivos inteligentes que se comunicam entre si para criar ambientes mais conectados e eficientes. Exemplos de aplicação incluem:

- **Casas inteligentes:** dispositivos como termostatos, luzes e câmeras de segurança podem ser controlados remotamente, proporcionando conveniência e eficiência energética (Evans, 2011).
- **Cidades inteligentes:** IoT é usada para melhorar a gestão urbana, como o controle de tráfego, a iluminação pública eficiente e o monitoramento ambiental, contribuindo para a sustentabilidade e a qualidade de vida (Gubbi *et al.*, 2013).
- **Indústria 4.0:** a IoT está transformando a manufatura com a automação e a otimização de processos produtivos, a manutenção preditiva de equipamentos e o rastreamento de ativos em tempo real (Lee *et al.*, 2015).
- **Realidade Virtual (RV) e Realidade Aumentada (RA)**

A Realidade Virtual (RV) e a Realidade Aumentada (RA) estão criando formas de interação e experiência:

- **Entretenimento e jogos:** a RV e a RA proporcionam experiências imersivas em jogos e entretenimento, permitindo aos usuários explorarem mundos virtuais e participarem de atividades interativas (Sherman; Craig, 2018).
- **Educação e treinamento:** a RV e a RA são utilizadas para criar ambientes de aprendizado interativos e simuladores de treinamento para profissões como medicina, engenharia e aviação, melhorando a eficácia do aprendizado prático (Dündar; Akçayir, 2017).

- *Design* e **arquitetura:** profissionais usam RV e RA para visualizar projetos em 3D, permitindo uma melhor compreensão e modificação dos projetos antes da construção (Portman *et al.*, 2015).

- **Computação em Nuvem**

A computação em nuvem oferece serviços e recursos de computação pela internet, proporcionando escalabilidade e flexibilidade:

- **Infraestrutura como Serviço (IaaS):** permite que empresas aluguem recursos de computação, como servidores e armazenamento, em vez de investir em infraestrutura física (Armbrust *et al.*, 2010).
- **Plataforma como Serviço (PaaS):** fornece um ambiente de desenvolvimento completo, permitindo que os desenvolvedores criem, testem e implantem aplicações sem gerenciar a infraestrutura subjacente (Foster *et al.*, 2008).
- **Software como Serviço (SaaS):** oferece aplicações de software acessíveis via internet, como soluções de CRM, ERP e colaboração, permitindo às empresas usarem software atualizado sem a necessidade de instalações locais (Chou, 2010).

- **Biotecnologia**

A biotecnologia está sendo revolucionada pela aplicação de técnicas computacionais, promovendo avanços significativos na saúde e na medicina:

- **Sequenciamento de DNA:** técnicas computacionais permitem o sequenciamento rápido e preciso do DNA, facilitando a pesquisa genética e o desenvolvimento de terapias personalizadas (Margulies *et al.*, 2005).
- **Desenvolvimento de medicamentos:** modelagem computacional e simulações são usadas para prever a eficácia e a segurança de novos medicamentos, acelerando o processo de desenvolvimento farmacêutico (Jensen *et al.*, 2012).

- **Bioinformática:** combina biologia, informática e tecnologia da informação para analisar dados biológicos complexos, contribuindo para avanços em áreas como genômica e proteômica (Lesk, 2013).

1.4 HISTÓRICO E DESENVOLVIMENTO DOS COMPUTADORES

A história dos computadores é rica e complexa, remontando a séculos atrás, com a invenção de dispositivos mecânicos como o ábaco. Este instrumento de cálculo, utilizado desde a Antiguidade, é considerado uma das primeiras formas de computação. No entanto, os computadores modernos, como os conhecemos hoje, começaram a se desenvolver no século XX, impulsionados por avanços teóricos e tecnológicos significativos.

1.4.1 Primeiros Dispositivos Mecânicos

Os primeiros dispositivos mecânicos para cálculo foram invenções fundamentais que marcaram o início da evolução dos computadores. Eles possibilitaram a automatização de operações aritméticas básicas, pavimentando o caminho para as máquinas de cálculo mais avançadas e, eventualmente, os computadores modernos.

- **Ábaco**

    O ábaco é uma das ferramentas de cálculo mais antigas conhecidas, tendo sido utilizado em várias culturas antigas, incluindo a mesopotâmica, a chinesa, a grega e a romana. Este dispositivo consiste em uma série de varetas ou fios nos quais contas podem deslizar, permitindo a realização de operações aritméticas simples, como adição e subtração. A simplicidade e a eficácia do ábaco fizeram dele um instrumento essencial para comerciantes e matemáticos por milênios. A sua origem remonta a aproximadamente 2300 a.C., e ele continua a ser utilizado em algumas regiões do mundo até hoje (Williams, 1997).

Figura 1.9 – Ábaco

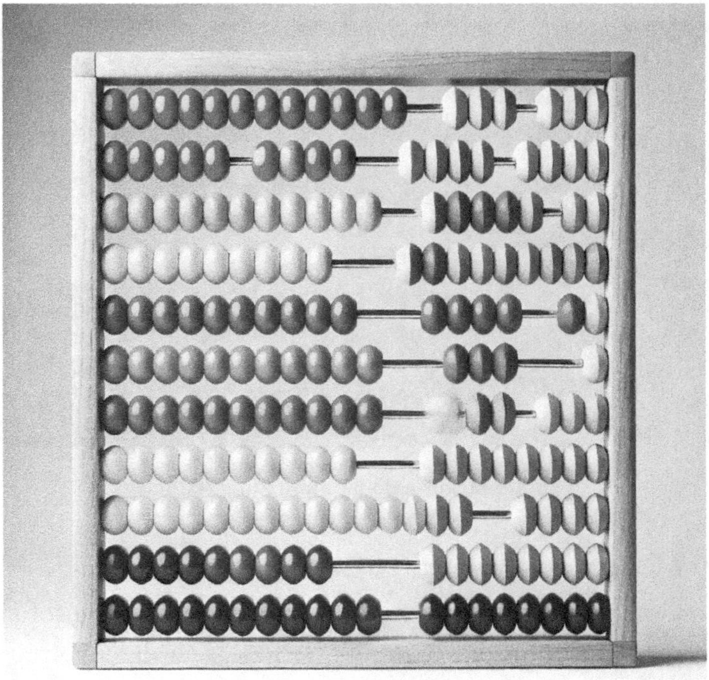

Fonte: DALL-E AI.

- **Máquina de Pascal (1642)**

  Inventada por Blaise Pascal, a Pascalina, como é conhecida, foi uma das primeiras máquinas de calcular mecânicas que podiam somar e subtrair números. Este dispositivo utilizava uma série de rodas dentadas para realizar operações aritméticas, sendo capaz de manipular até oito dígitos. A inovação de Pascal foi motivada pela necessidade de ajudar seu pai, que era coletor de impostos, a realizar cálculos contábeis com mais facilidade e precisão. Embora a Pascalina não tenha sido amplamente adotada na época devido ao seu custo elevado e a sua complexidade, ela representou um avanço significativo na automação dos cálculos matemáticos (Sobel, 1999).

Figura 1.10 – A máquina de Pascal

Fonte: História do Computador, 2024.

- **Máquina de Leibniz (1673)**

    Gottfried Wilhelm Leibniz, um matemático e filósofo alemão, aprimorou a máquina de Pascal ao desenvolver um dispositivo que não só podia somar e subtrair, mas também multiplicar e dividir. A máquina de Leibniz utilizava um cilindro escalonado, conhecido como roda de Leibniz, que permitia a realização de multiplicações repetidas como uma série de adições, e divisões como uma série de subtrações. Este dispositivo mecânico representou um avanço significativo em relação à Pascalina e foi um precursor dos calculadores mecânicos usados até o século XX. A inovação de Leibniz destacou-se por sua capacidade de realizar cálculos mais complexos de forma mais eficiente (DAVIS, 2000).

Figura 1.11 – Máquina de Leibniz (1673)

Fonte: HANNOVER.DE, 2024.

1.4.2 Século XIX: Início da Computação Teórica

O século XIX marcou um período de importantes avanços teóricos e conceituais na computação, preparando o terreno para o desenvolvimento dos computadores modernos. As contribuições de Charles Babbage e Ada Lovelace foram especialmente notáveis e visionárias.

- **Máquina Analítica de Babbage**

    Charles Babbage, um matemático e inventor britânico, projetou a Máquina Analítica na década de 1830. Este dispositivo mecânico é frequentemente considerado o precursor do computador moderno devido aos conceitos avançados que incorporava. A Máquina Analítica foi concebida para ser um computador mecânico de propósito geral, capaz de executar qualquer cálculo aritmético ou algébrico.

Figura 1.12 – Máquina Analítica de Babbage

Fonte: Wikipédia, 2024.

- **Componentes principais:** a Máquina Analítica de Babbage incluía várias partes essenciais que são encontradas nos computadores modernos:

    1) **Unidade de Processamento Central (CPU)**: a máquina possuía uma "mola" (mill), equivalente à CPU, que realizava operações aritméticas e lógicas.
    2) **Memória**: a "loja" (*store*) servia como memória para armazenar dados temporários e resultados intermediários.
    3) **Unidade de controle**: um mecanismo de controle sequencial que direcionava a execução das instruções.
    4) **Cartões perfurados**: utilizados para entrada de dados e instruções, inspirados pelos cartões usados nos teares mecânicos de Jacquard.

Apesar de nunca ter sido construída em sua totalidade devido às limitações tecnológicas e financeiras da época, a Máquina Analítica de Babbage estabeleceu as bases teóricas para o *design* dos computadores modernos (Swade, 2000a).

- **Ada Lovelace**

Ada Lovelace, colaboradora próxima de Babbage e filha do poeta Lord Byron, é frequentemente creditada como a primeira programadora de computadores. Em 1843, ela escreveu extensas notas sobre a Máquina Analítica, incluindo algoritmos que a máquina poderia executar. Seu trabalho foi publicado como um conjunto de notas em uma tradução de um artigo sobre a máquina, escrito pelo engenheiro italiano Luigi Menabrea.

- **Contribuições Principais**
    1) **Algoritmos:** Ada descreveu algoritmos detalhados para a Máquina Analítica, incluindo um para calcular os números de Bernoulli, demonstrando a capacidade da máquina de realizar uma sequência de operações predefinidas.
    2) **Visão de propósito geral:** ela previu que os computadores poderiam ser usados para muito mais do que apenas cálculos numéricos. Ada sugeriu que a Máquina Analítica poderia manipular símbolos e ser aplicada em qualquer área que pudesse ser formalizada matematicamente, incluindo música e arte.

Ada Lovelace é celebrada por sua visão notavelmente avançada para a época, prevendo o potencial multifacetado dos computadores muito antes de serem tecnicamente viáveis (Stein, 1985).

1.4.3 Início do Século XX: Avanços Teóricos e Práticos

O início do século XX foi um período crucial para o desenvolvimento da ciência da computação, marcado por avanços teóricos significativos que fundamentaram a base para os computadores modernos. Uma das contribuições mais importantes dessa era foi o trabalho de Alan Turing, que introduziu conceitos fundamentais para a computação teórica.

- **Máquina de Turing (1936)**

Em 1936, o matemático britânico Alan Turing propôs um modelo teórico de computação, conhecido como Máquina de Turing, em seu artigo "On Computable Numbers, with an Application to the Entscheidungsproblem". A Máquina de Turing é um dispositivo abstrato que manipula símbolos em uma fita infinita de acordo com um conjunto de regras predefinidas. Este conceito se tornou a base para a ciência da computação e continua a ser uma ferramenta fundamental para o entendimento dos princípios da computação e da complexidade computacional.

Figura 1.13 – Máquina de Turing (1936)

Fonte: Rabisco da História, 2024.

- **Estrutura da Máquina de Turing**
    1) **Fita infinita:** a máquina possui uma fita infinita dividida em células, cada uma contendo um símbolo de um alfabeto finito. A fita serve tanto como dispositivo de entrada quanto de saída e memória da máquina.
    2) **Cabeça de leitura/escrita:** a máquina tem uma cabeça que pode ler e escrever símbolos na fita e mover-se para a esquerda ou para a direita, uma célula por vez.
    3) **Conjunto de estados:** a máquina opera em um conjunto finito de estados. Em qualquer momento, a máquina está em um único estado.
    4) **Função de transição:** define as regras para a leitura, escrita e movimento da cabeça, além da mudança de estados com base no símbolo atualmente lido e no estado atual.

- **Importância Teórica**
    1) **Decidibilidade e computabilidade:** a Máquina de Turing foi utilizada por Turing para abordar o *Entscheidungsproblem* (problema de decisão), proposto por David Hilbert. Turing demonstrou que existem problemas que são indecidíveis; ou seja, não há algoritmo que possa resolver todos os casos desse problema.
    2) **Modelo Universal de computação:** a Máquina de Turing é considerada um modelo universal de computação, o que significa que pode simular a lógica de qualquer algoritmo computacional. Isso levou ao conceito de "Computador Universal de Turing", um dispositivo que pode executar qualquer algoritmo computável.
    3) **Complexidade computacional:** a Máquina de Turing proporciona uma estrutura para o estudo da complexidade computacional, permitindo a classificação de

problemas com base na quantidade de recursos (tempo e espaço) necessários para resolvê-los.

– **Impacto na Computação Moderna**

A Máquina de Turing é a pedra angular da teoria da computação. Seus conceitos são ensinados em cursos de ciência da computação em todo o mundo, formando a base para o desenvolvimento de algoritmos e linguagens de programação. Além disso, a noção de uma máquina capaz de executar qualquer tarefa computacional é a base do desenvolvimento dos computadores de propósito geral, que são onipresentes na sociedade moderna.

A introdução da Máquina de Turing representou um salto monumental na compreensão teórica da computação. As ideias de Turing não só resolveram problemas matemáticos fundamentais, mas também forneceram as bases para a criação de computadores eletrônicos, influenciando profundamente a tecnologia e a ciência da computação ao longo do século XX e além (Turing, 1936).

1.4.4 Segunda Guerra Mundial e Pós-Guerra

A Segunda Guerra Mundial foi um período de rápida inovação tecnológica, impulsionada pela necessidade de resolver problemas complexos de guerra. Entre essas inovações, o desenvolvimento do ENIAC representou um marco significativo na história da computação, sinalizando o início da era dos computadores digitais.

- **ENIAC (1945)**

O ENIAC (*Electronic Numerical Integrator and Computer*) foi o primeiro computador digital eletrônico de propósito geral. Desenvolvido pelos engenheiros John Presper Eckert e John Mauchly na Universidade da Pensilvânia, o ENIAC foi projetado para calcular trajetórias balísticas para o Exército dos Estados Unidos durante a Segunda Guerra Mundial.

Figura 1.14 – O ENIAC

Fonte: Tecnoblog, 2024.

– **Características Técnicas**

1) **Dimensões e consumo:** o ENIAC ocupava uma sala de aproximadamente 167 metros quadrados e pesava cerca de 30 toneladas. Utilizava cerca de 18 mil válvulas termiônicas (ou tubos de vácuo), 70 mil resistores, 10 mil capacitores, 1.500 relés e milhares de outros componentes. Consumia aproximadamente 150 kW de energia elétrica, gerando uma quantidade significativa de calor.

2) **Velocidade e capacidade:** o ENIAC podia realizar cerca de 5 mil operações aritméticas por segundo, uma velocidade impressionante para a época. Sua capacidade de memória era limitada, utilizando anéis de acumuladores para armazenar números e resultados temporários.

3) **Programabilidade:** o ENIAC era programado manualmente, configurando painéis e cabos para definir as operações a serem realizadas. Embora isso tornasse a reprogramação demorada e complexa, o ENIAC foi um precursor dos computadores programáveis modernos.

– **Aplicações e Impacto**
1) **Cálculo de trajetórias balísticas:** a principal aplicação do ENIAC durante a guerra foi calcular tabelas de tiro para a artilharia, essencial para a precisão dos disparos. Antes do ENIAC, esses cálculos eram realizados manualmente ou com calculadoras mecânicas, levando horas ou até dias. O ENIAC reduziu drasticamente o tempo necessário para realizar esses cálculos, melhorando significativamente a eficiência e a precisão.
2) **Projetos científicos e militares:** após a guerra, o ENIAC foi utilizado para uma variedade de projetos científicos e militares, incluindo o desenvolvimento de bombas atômicas no Projeto Manhattan e simulações de fenômenos físicos complexos.

– **Legado e Influência**
1) **Transição para computadores modernos:** o ENIAC marcou a transição dos computadores mecânicos e eletromecânicos para computadores totalmente eletrônicos, abrindo caminho para o desenvolvimento de máquinas mais rápidas, eficientes e confiáveis.
2) **Conceitos de computação:** o trabalho no ENIAC levou ao desenvolvimento de muitos conceitos fundamentais em computação, como a arquitetura de von Neumann, que propôs um modelo de computador no qual o programa e os dados são armazenados na mesma memória. Esta arquitetura tornou-se a base para praticamente todos os computadores subsequentes.

3) **Inspiração para futuros desenvolvimentos:** o sucesso do ENIAC inspirou uma geração de cientistas e engenheiros a explorar o potencial dos computadores eletrônicos, resultando em avanços rápidos na tecnologia de computação nas décadas seguintes.

O ENIAC representou um avanço monumental na tecnologia de computação, demonstrando pela primeira vez o poder dos computadores eletrônicos de propósito geral. Sua criação durante um período de intensa necessidade tecnológica evidenciou o potencial transformador dos computadores, não apenas para aplicações militares, mas também para ciência, engenharia e muitas outras áreas (Goldstine, 1946).

1.4.5 Avanços na Eletrônica

O desenvolvimento dos transistores em 1947 representou um dos maiores avanços na eletrônica e na computação, revolucionando a maneira como os computadores e outros dispositivos eletrônicos eram construídos e operavam. Este avanço permitiu o surgimento de computadores mais compactos, rápidos e eficientes, pavimentando o caminho para a moderna era digital.

- **Transistores (1947)**

Em 1947, John Bardeen, Walter Brattain e William Shockley, trabalhando nos laboratórios Bell Labs, inventaram o transistor, um dispositivo semicondutor fundamental para a eletrônica moderna. Os transistores substituíram as válvulas termiônicas, que eram volumosas, menos eficientes e menos confiáveis.

Figura 1.15 – Réplica do primeiro transistor

Fonte: White House, 2024.

– **Funcionamento e Tipos de Transistores**
1) **Bipolar de Junção (BJT):** o transistor bipolar de junção é composto por três camadas de material semicondutor, formando duas junções pn. Ele pode ser utilizado como amplificador ou como interruptor, controlando a corrente elétrica entre o emissor e o coletor por meio da corrente de base.
2) **Efeito de Campo (FET):** os transistores de efeito de campo, como o MOSFET (*Metal-Oxide-Semiconductor Field-Effect Transistor*), controlam a corrente elétrica por meio de um campo elétrico. Eles são amplamente utilizados em circuitos integrados devido à sua alta eficiência e seu baixo consumo de energia.

- **Impacto na Computação**
    1) **Miniaturização e eficiência:** os transistores permitiram a miniaturização dos componentes eletrônicos, resultando em computadores menores, mais leves e mais portáteis. Além disso, transistores são muito mais eficientes em termos de consumo de energia e dissipação de calor em comparação com válvulas termiônicas.
    2) **Aumento da velocidade:** os transistores podem operar em frequências muito mais altas do que as válvulas termiônicas, permitindo a construção de computadores muito mais rápidos. Este aumento na velocidade de processamento foi crucial para o desenvolvimento de tecnologias computacionais avançadas.
    3) **Confiabilidade e durabilidade:** transistores são muito mais confiáveis e duráveis do que válvulas termiônicas, que frequentemente falhavam e precisavam ser substituídas. A maior confiabilidade dos transistores contribuiu para a criação de computadores mais estáveis e de manutenção mais simples.
- **Evolução dos Circuitos Integrados**
    1) **Circuitos Integrados (ICs):** a invenção do transistor também levou ao desenvolvimento de circuitos integrados na década de 1960, onde milhares de transistores e outros componentes eletrônicos poderiam ser fabricados em um único *chip* de silício. Esta inovação permitiu uma maior integração e complexidade nos *designs* de circuitos, resultando em computadores ainda mais compactos e poderosos.
    2) **Lei de Moore:** a capacidade de miniaturizar transistores e integrá-los em *chips* complexos deu origem à Lei de Moore, observada por Gordon Moore, cofundador da Intel. A lei prevê que o número de transistores em um

chip dobra aproximadamente a cada dois anos, resultando em aumentos exponenciais no desempenho e na capacidade de computação.

– **Aplicações e Expansão Tecnológica**
1) **Eletrônicos de consumo:** além dos computadores, os transistores permitiram a expansão da eletrônica em dispositivos de consumo, como rádios portáteis, televisores, calculadoras e, eventualmente, dispositivos móveis como *smartphones* e *tablets*.
2) **Telecomunicações:** os transistores revolucionaram as telecomunicações, permitindo o desenvolvimento de redes de comunicação mais rápidas e eficientes. A telefonia, a transmissão de dados e a internet se beneficiaram enormemente da tecnologia de transistores.
3) **Indústria automotiva e aeroespacial:** a maior eficiência e a confiabilidade dos transistores permitiram avanços significativos em sistemas automotivos e aeroespaciais, incluindo sistemas de controle de voo, navegação e controle de motores.

A invenção dos transistores foi um marco crucial que não só transformou a computação, mas também teve um impacto profundo em toda a indústria eletrônica. Este avanço tecnológico abriu novas possibilidades para a inovação e o desenvolvimento de uma vasta gama de dispositivos e sistemas eletrônicos que definem a era moderna (Millman, 1979).

1.4.6 A Era dos Computadores Pessoais

A era dos computadores pessoais começou a ganhar forma na década de 1970, com a introdução dos microprocessadores. Esta inovação tecnológica revolucionou a indústria da computação, tornando os computadores mais acessíveis ao público em geral e pavimentando o caminho para o desenvolvimento de dispositivos pessoais que hoje são essenciais em nossa vida cotidiana.

- **Microprocessadores (1971)**

A introdução do microprocessador pela Intel, com o lançamento do Intel 4004, em 1971, marcou o início de uma nova era na computação. O microprocessador é um circuito integrado que contém todas as funções de uma unidade central de processamento (CPU) em um único *chip* de silício. Esta inovação transformou a computação ao integrar componentes complexos em um formato muito mais compacto e eficiente.

Figura 1.16 – Microprocessador Intel 4004

Fonte: Wikipédia, 2024.

- **Intel 4004**
    1) **Características técnicas:** o Intel 4004 era um microprocessador de 4 bits que operava a uma velocidade de *clock* de 740 kHz e podia realizar aproximadamente 92 mil instruções por segundo. Possuía um conjunto de instruções relativamente simples e uma arquitetura que permitia a conexão com memória e dispositivos periféricos.
    2) **Aplicações iniciais:** originalmente desenvolvido para uma calculadora, o Intel 4004 rapidamente demonstrou seu potencial para aplicações mais amplas, impulsionando a indústria da computação pessoal e industrial. Ele abriu caminho para a criação de dispositivos mais complexos e multifuncionais.

- **Evolução dos Microprocessadores**
    1) **Intel 8008 e 8080:** em 1972, a Intel lançou o 8008, um microprocessador de 8 bits que oferecia maior capacidade de processamento. Em 1974, o lançamento do Intel 8080 marcou um avanço significativo, com maior velocidade e capacidade de endereçamento, tornando-se um dos microprocessadores mais populares de sua época.
    2) **MOS Technology 6502:** lançado em 1975, este microprocessador era conhecido por seu baixo custo e alto desempenho, sendo utilizado em computadores pessoais icônicos como o Apple I e o Commodore PET.
    3) **Zilog Z80:** introduzido em 1976, o Z80 foi amplamente adotado devido à sua compatibilidade com o 8080 e melhorias significativas, sendo utilizado em computadores pessoais, consoles de videogame e sistemas embarcados.

- **Impacto na Computação Pessoal**

    1) **Apple II (1977):** equipado com o microprocessador MOS Technology 6502, o Apple II foi um dos primeiros computadores pessoais a obterem sucesso comercial, oferecendo uma interface amigável e uma vasta gama de aplicativos educacionais e de negócios.
    2) **Commodore 64 (1982):** utilizando o mesmo 6502, o Commodore 64 tornou-se um dos computadores pessoais mais vendidos de todos os tempos, popularizando o uso de computadores em lares e escolas.
    3) **IBM PC (1981):** o lançamento do IBM PC, equipado com o microprocessador Intel 8088, estabeleceu um padrão de arquitetura de hardware e software que dominaria a indústria por décadas. Sua compatibilidade com software de terceiros e expansibilidade foram fatores-chave para seu sucesso.

- **Revolução na Produção e Acessibilidade**

    1) **Produção em massa:** a integração de todas as funções de uma CPU em um único *chip* permitiu a produção em massa de computadores pessoais, reduzindo significativamente os custos de fabricação e tornando os computadores acessíveis a um público muito mais amplo.
    2) **Economia e educação:** a disponibilidade de computadores pessoais acessíveis teve um impacto profundo na economia e na educação, permitindo que indivíduos e pequenas empresas adotassem a computação para aumentar a produtividade e inovar. Nas escolas, computadores pessoais se tornaram ferramentas essenciais para o ensino de habilidades tecnológicas.

- **Legado dos Microprocessadores**
    1) **Inovação contínua:** desde a introdução do Intel 4004, os microprocessadores continuaram a evoluir, com melhorias constantes em termos de velocidade, eficiência energética e capacidade de processamento. Esta inovação contínua tem sido um motor fundamental para o avanço da tecnologia em todas as áreas, desde dispositivos móveis até supercomputadores.
    2) **Diversificação de aplicações:** os microprocessadores possibilitaram uma ampla gama de aplicações, desde a automação industrial até a inteligência artificial, a IoT e a computação em nuvem. Cada uma dessas áreas continua a expandir-se, impulsionada pela capacidade cada vez maior dos microprocessadores modernos.

A era dos computadores pessoais, impulsionada pela introdução dos microprocessadores, transformou a sociedade, tornando a computação uma parte integral da vida cotidiana e catalisando uma onda de inovação que continua a moldar nosso mundo digital (Ceruzzi, 2003).

1.4.7 Desenvolvimentos Recentes

Nas últimas décadas, a computação tem testemunhado avanços impressionantes, impulsionados por inovações em áreas emergentes como a computação quântica e a IA. Esses desenvolvimentos prometem transformar radicalmente a forma como processamos informações, resolvemos problemas complexos e interagimos com a tecnologia.

- **Computação Quântica**

A computação quântica é uma área emergente que utiliza os princípios da mecânica quântica para processar informações de maneira que seria impraticável para computadores clássicos.

Figura 1.17 – IBM Q System – o primeiro computador quântico

Fonte: Wikipédia, 2024.

- **Princípios Básicos**
    1) **Qubits:** diferentemente dos bits clássicos, que podem ser 0 ou 1, os qubits podem existir em superposição de ambos os estados simultaneamente. Essa propriedade permite que um computador quântico realize múltiplos cálculos ao mesmo tempo.
    2) **Emaranhamento:** Qubits emaranhados podem ser correlacionados de tal forma que o estado de um qubit depende do estado do outro, independentemente da distância entre eles. Isso permite a transferência de informações de maneira extremamente eficiente.
    3) **Interferência quântica:** utilizando a interferência quântica, computadores quânticos podem amplificar as soluções corretas de um problema enquanto cancelam as incorretas, aumentando a probabilidade de encontrar a solução certa rapidamente.

- **Aplicações Potenciais**
  1) **Criptografia:** a computação quântica pode quebrar muitos dos sistemas de criptografia atuais, mas também promete novas formas de criptografia quântica praticamente invioláveis.
  2) **Simulação de sistemas químicos e biológicos:** computadores quânticos podem simular interações moleculares complexas, revolucionando a descoberta de novos medicamentos e materiais.
  3) **Otimização:** problemas de otimização em logística, finanças e engenharia, que são intratáveis para computadores clássicos, podem ser resolvidos mais eficientemente com algoritmos quânticos.

- **Desafios:**
  1) **Estabilidade e correção de erros:** manter qubits estáveis e livres de erros é um dos maiores desafios, pois eles são extremamente sensíveis a interferências externas.
  2) **Escalabilidade:** construir sistemas quânticos escaláveis que possam ser usados em aplicações práticas ainda requer avanços significativos na engenharia e na tecnologia de controle quântico.

A computação quântica ainda está em seus estágios iniciais, mas seu potencial para revolucionar diversos campos é vasto. Laboratórios de pesquisa e empresas ao redor do mundo, como IBM, Google e Microsoft, estão investindo pesadamente para transformar essa promessa em realidade (Nielsen; Chuang, 2010).

- **IA**

A IA tem experimentado avanços rápidos, especialmente nas áreas de aprendizado de máquina (*machine learning*), aprendizado profundo (*deep learning*) e redes neurais, resultando em aplicações que estão transformando a sociedade.

Figura 1.18 – Representação da utilização da IA

Fonte: Brasil Escola, 2024.

– **Áreas de Aplicação**

1) **Reconhecimento de voz:** assistentes virtuais como Siri, Alexa e Google Assistant utilizam IA para compreender e responder a comandos de voz, facilitando a interação natural com dispositivos eletrônicos.
2) **Visão computacional:** a IA está sendo utilizada para desenvolver sistemas de reconhecimento facial, análise de imagens médicas e veículos autônomos, que dependem de uma interpretação precisa do ambiente visual.
3) **Processamento de Linguagem Natural (PLN):** ferramentas de PLN permitem que máquinas compreendam, interpretem e respondam à linguagem humana.

1.5 ORGANIZAÇÃO DOS COMPUTADORES

A organização dos computadores refere-se à estrutura e à interconexão de seus componentes, abrangendo tanto o hardware quanto o software que trabalha em conjunto para executar tarefas e processar informações. A seguir, discutiremos a arquitetura e os conceitos básicos da informática, elementos fundamentais para o entendimento de como os computadores operam.

1.5.1 Arquitetura

A arquitetura de computadores descreve a organização e a estrutura lógica dos sistemas de computação. Esta área do conhecimento se concentra em como os diferentes componentes de um sistema de computação interagem entre si para realizar operações de processamento de informações. A arquitetura de computadores é fundamental para o desenvolvimento e o desempenho de sistemas de computação, desde pequenos dispositivos embarcados até grandes supercomputadores. Entre os principais componentes da arquitetura de computadores, destacam-se:

- **CPU (Unidade Central de Processamento)**

A CPU, conhecida como o "cérebro" do computador, é o componente responsável por executar as instruções dos programas. A CPU é composta por duas unidades principais: a Unidade de Controle (UC) e a Unidade Lógica e Aritmética (ULA). Juntas, estas unidades realizam todas as operações essenciais para o funcionamento do computador.

Figura 1.19 – Diagrama esquemático de uma CPU

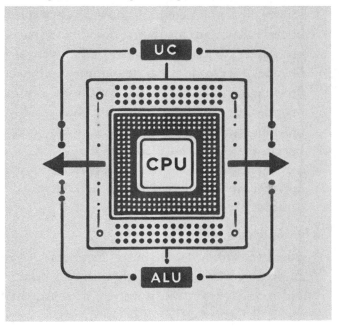

Fonte: DALL-E AI.

A **Unidade de Controle (UC)** desempenha um papel vital na operação da CPU, sendo responsável por dirigir e coordenar todas as atividades dentro do processador. Ela atua como o "sistema nervoso central" do computador, garantindo que todas as partes trabalhem em harmonia para executar as instruções dos programas de maneira eficiente e correta.

– **Função:**

1) **Coordenação geral:** a UC coordena a operação de todos os componentes da CPU e controla a execução de instruções armazenadas na memória. Ela transforma as instruções do programa em sinais de controle que direcionam outras partes do computador sobre como proceder.

2) **Interpretação de instruções:** a UC interpreta as instruções do programa, determinando quais operações devem ser realizadas. Cada instrução é decodificada para entender a operação a ser executada e os dados envolvidos.
3) **Gerenciamento de fluxo de dados:** a UC gerencia o fluxo de dados entre a CPU, a memória e os dispositivos de entrada/saída. Ela garante que os dados sejam movidos para onde são necessários no momento certo.
4) **Execução sequencial e condicional:** a UC controla a execução sequencial das instruções, assim como as operações condicionais baseadas em resultados de comparações e testes lógicos.

– Ciclo de Instrução
1) **Busca (*Fetch*):** a fase de busca envolve a UC recuperando a próxima instrução da memória principal. O endereço da próxima instrução é armazenado no registrador de instrução (IR). Esta fase é iniciada colocando o endereço da próxima instrução no barramento de endereço e sinalizando a memória para ler a instrução.
2) **Decodificação (*Decode*):** na fase de decodificação, a UC interpreta a instrução recuperada. A instrução é dividida em componentes que especificam a operação a ser executada e os operandos envolvidos. A CU decodifica o opcode (código de operação) e determina quais recursos serão necessários (por exemplo, ALU, registradores etc.).
3) **Execução (*Execute*):** durante a fase de execução, a UC envia sinais apropriados para as unidades pertinentes (como ALU, registradores e dispositivos de entrada/saída) para realizar a operação especificada. Isso pode envolver operações aritméticas ou lógicas na ALU, movimentação de dados entre registradores, ou interação com dispositivos de E/S.

4) **Armazenamento (*Writeback*):** em muitos casos, a fase final é o armazenamento do resultado da execução de volta em um registrador ou na memória principal, completando o ciclo de instrução.

Cada ciclo de instrução é fundamental para o processamento de dados e a execução de programas, com a UC operando de forma contínua e repetitiva para garantir que todas as instruções sejam executadas corretamente. A eficiência e a velocidade da UC são cruciais para o desempenho geral do sistema de computação, pois determinam a rapidez com que um computador pode processar instruções e realizar tarefas.

– **Ciclo de Instrução Detalhado**

1) **Busca (*Fetch*)**
    - O contador de programa (PC) fornece o endereço da próxima instrução.
    - A UC coloca este endereço no barramento de endereço e aciona um sinal de leitura.
    - A instrução é recuperada da memória e armazenada no registrador de instrução (IR).

2) **Decodificação (*Decode*)**
    - A UC interpreta o opcode da instrução armazenada no IR.
    - Identifica os operandos necessários e determina quais operações serão realizadas.

3) **Execução (*Execute*)**
    - A UC envia sinais à ALU para realizar operações aritméticas ou lógicas, conforme especificado.
    - Controla a movimentação de dados entre registradores e/ou memória.

4) **Armazenamento (*Writeback*)**
   - A UC armazena o resultado da operação em um registrador ou na memória.
   - Atualiza o contador de programa (PC) para a próxima instrução a ser buscada.

A UC é essencial para o funcionamento coordenado de todos os componentes do computador, garantindo que as instruções sejam executadas corretamente e em ordem sequencial, ou conforme especificado por condições programadas (Stallings, 2021b).

A **Unidade Lógica e Aritmética (ALU)** é um componente fundamental da CPU, responsável por realizar operações matemáticas e lógicas sobre os dados. A ALU é essencial para o processamento de informações, executando as operações básicas necessárias para a execução de programas.

- **Função**
   1) **Operações aritméticas:** a ALU realiza todas as operações matemáticas básicas, como adição, subtração, multiplicação e divisão. Essas operações são fundamentais para uma ampla variedade de aplicações, desde cálculos simples até operações complexas em software de engenharia e ciência.
   2) **Operações lógicas:** a ALU também executa operações lógicas, incluindo AND, OR, NOT, XOR e NAND. Essas operações são utilizadas para manipulação de bits e tomadas de decisões condicionais, como a execução de instruções baseadas em comparações de dados.
   3) **Comparações:** além das operações aritméticas e lógicas, a ALU realiza comparações entre valores, como verificar se um número é maior, menor ou igual a outro. Esses resultados são usados para tomar decisões no fluxo de controle de um programa.

4) **Deslocamento e rotação:** a ALU pode realizar operações de deslocamento e rotação de bits, que são úteis para manipulações de bits em algoritmos de criptografia, compressão de dados e outras aplicações de baixo nível.

– **Componentes**
  1) **Registradores:** a ALU contém vários registradores, que são pequenas unidades de armazenamento de alta velocidade usadas para armazenar temporariamente dados durante o processamento. Registradores comuns incluem:
     – **Acumulador (AC):** utilizado para armazenar resultados intermediários de operações aritméticas e lógicas.
     – **Registrador de Dados (DR):** armazena os dados que estão sendo operados.
     – **Registrador de Endereços (AR):** contém os endereços de memória onde os dados devem ser lidos ou escritos.
  2) **Circuitos de lógica combinacional:** a ALU inclui circuitos de lógica combinacional que realizam operações aritméticas e lógicas básicas. Esses circuitos são compostos por portas lógicas (como AND, OR, NOT) que combinam sinais de entrada para produzir o resultado desejado.
     – **Somador:** um circuito dentro da ALU especificamente projetado para realizar adições. Pode ser um somador simples ou um somador completo que inclui a capacidade de considerar bits de transporte (*carry*).
     – **Subtrator:** um circuito que realiza subtrações, muitas vezes usando o complemento de dois para realizar a operação como uma adição de números negativos.
     – **Multiplicador e divisor:** circuitos que realizam multiplicações e divisões, embora essas operações possam ser mais complexas e, às vezes, implementadas

por meio de combinações de adições, subtrações e deslocamentos.

3) **Unidade de controle da ALU:** uma pequena unidade de controle dentro da ALU que coordena as operações e gerencia o fluxo de dados entre os registradores e os circuitos de lógica combinacional. Ela recebe sinais da Unidade de Controle principal da CPU e direciona a execução das operações especificadas.

– **Processo de Operação**

1) **Recepção de instruções:** a ALU recebe instruções da Unidade de Controle, especificando a operação a ser realizada e os operandos a serem utilizados.
2) **Execução da operação:** a ALU executa a operação especificada nos dados fornecidos, utilizando seus circuitos de lógica combinacional e registradores.
3) **Armazenamento de resultados:** após a execução, a ALU armazena o resultado em um registrador ou o envia de volta à memória, conforme instruído pela Unidade de Controle.

A eficiência e a capacidade da ALU são cruciais para o desempenho geral da CPU, uma vez que todas as operações matemáticas e lógicas básicas são realizadas por essa unidade. Melhorias na arquitetura da ALU, como a inclusão de unidades vetoriais ou paralelas, podem aumentar significativamente a capacidade de processamento de um sistema de computação (Stallings, 2021b).

- *Pipeline* e **Paralelismo:** nas CPUs modernas, técnicas avançadas como *pipeline* e paralelismo são fundamentais para aumentar a eficiência e o desempenho do processamento de instruções. Estas técnicas permitem que os processadores realizem múltiplas operações simultaneamente, otimizando o uso dos recursos de hardware e melhorando significativamente a capacidade de processamento.

– **Pipeline**

1) **Conceito:** o *pipeline* é uma técnica que divide o ciclo de instrução de uma CPU em várias etapas distintas, permitindo que diferentes instruções sejam processadas em diferentes estágios simultaneamente. É similar a uma linha de montagem em uma fábrica, onde cada estágio realiza uma parte específica da tarefa total.

2) **Estágios do *Pipeline***

   – **Busca (*Fetch*):** recuperação da instrução da memória.
   – **Decodificação (*Decode*):** interpretação da instrução e preparação dos recursos necessários.

3) **Execução (*Execute*):** realização da operação especificada pela instrução.

4) **Acesso à memória (*Memory Access*):** leitura ou escrita de dados na memória, se necessário.

5) **Gravação (*Writeback*):** armazenamento do resultado da execução em um registrador ou na memória.

3) **Vantagens do *Pipeline***

   O *pipeline* aumenta a eficiência da CPU ao permitir que várias instruções estejam em diferentes estágios do processamento ao mesmo tempo. Isso maximiza a utilização dos componentes da CPU e minimiza os tempos de espera, resultando em maior *throughput* (taxa de processamento de instruções).

– **Paralelismo**

1) **Conceito:** o paralelismo envolve a execução simultânea de múltiplas tarefas ou instruções. Existem vários níveis de paralelismo, incluindo o paralelismo no nível de instrução (ILP), o paralelismo no nível de dados (DLP) e o paralelismo no nível de tarefa (TLP).

2) **Paralelismo de Instrução (ILP):** utiliza técnicas como execução fora de ordem (*out-of-order execution*), previsão de desvio (*branch prediction*) e execução especulativa (*speculative execution*) para aumentar o número de instruções que podem ser executadas simultaneamente.

- **Execução fora de ordem:** permite que a CPU execute instruções conforme os recursos estão disponíveis, em vez de seguir rigidamente a ordem programada.
- **Previsão de desvio:** estima o resultado de instruções de desvio (como *IF statements*) para continuar a execução sem esperar pela resolução do desvio.
- **Execução especulativa:** executa caminhos de instrução possíveis antes que certas condições sejam resolvidas, descartando os resultados se a suposição estiver incorreta.

3) **Paralelismo de Dados (DLP):** aplica operações a múltiplos dados simultaneamente. As unidades de processamento gráfico (GPUs) são especialmente eficientes em DLP, processando grandes blocos de dados em paralelo.

- **Vetorização:** processa uma única instrução em múltiplos dados (SIMD – *Single Instruction, Multiple Data*), comum em operações gráficas e científicas.

4) **Paralelismo de Tarefas (TLP):** divide um programa em múltiplas tarefas ou *threads* que podem ser executadas simultaneamente em diferentes núcleos de um processador multicore.

- **Multiprocessamento Simétrico (SMP):** permite que múltiplos processadores compartilhem a mesma memória física, executando múltiplos *threads* de um único programa.

- **Hyper-Threading:** tecnologia que permite que um único núcleo de CPU execute múltiplos *threads* simultaneamente, aumentando a utilização dos recursos da CPU.
- Implementação em CPUs Modernas

1) **Processadores Multicore:** CPUs modernas frequentemente têm múltiplos núcleos, cada um capaz de executar *threads* independentemente. Isso permite que um sistema operacional distribua tarefas entre os núcleos, aumentando a capacidade de processamento paralelo.
2) **Unidades de execução múltipla:** alguns processadores têm múltiplas unidades de execução dentro de um único núcleo, permitindo que várias instruções sejam executadas em paralelo.
3) **Cache compartilhada:** em muitos *designs* de CPU, os núcleos compartilham um grande cache L3, permitindo acesso rápido e eficiente a dados frequentemente usados, essencial para a *performance* em ambientes paralelos.

- **Desafios do *Pipeline* e Paralelismo**

1) **Hazards do *Pipeline*:** problemas como dependências de dados, conflitos de recursos e desvios podem causar *stalls* no *pipeline*, diminuindo a eficiência.

- **Dependências de dados:** ocorrências onde uma instrução depende do resultado de uma instrução anterior ainda não completada.
- **Desvios e predição de desvios:** desvios condicionais podem interromper o fluxo do *pipeline*, requerendo técnicas sofisticadas de predição para minimizar o impacto.

2) **Complexidade de sincronização:** em sistemas paralelos, garantir que *threads* ou processos sincronizem corretamente seus acessos à memória e aos recursos; pode ser complexo e propenso a erros como condições de corrida.

Em suma, o *pipeline* e o paralelismo são técnicas essenciais para melhorar a eficiência e o desempenho das CPUs modernas. Eles permitem que os processadores executem múltiplas operações simultaneamente, maximizando a utilização dos recursos disponíveis e acelerando o processamento de tarefas complexas (Stallings, 2021b).

- **Cache:** a memória cache é um componente crucial na arquitetura de CPUs modernas, projetada para reduzir a latência e aumentar a velocidade de acesso aos dados e instruções frequentemente utilizados. A implementação eficiente da memória cache pode ter um impacto significativo no desempenho geral de um sistema de computação.

  – **Função e Importância**

    1) **Redução da latência:** a memória cache oferece tempos de acesso muito mais rápidos em comparação com a memória principal (RAM). Ao armazenar dados e instruções frequentemente acessados, a cache minimiza o tempo que a CPU precisa esperar para recuperar informações necessárias.
    2) **Aumento da velocidade de acesso:** com a memória cache, a CPU pode acessar rapidamente os dados que são mais frequentemente necessários, o que acelera a execução de programas e melhora a eficiência do processamento.

- **Níveis de Cache**
    1) **Cache L1 (Nível 1):** é a memória cache mais próxima do núcleo da CPU, e a mais rápida. Cada núcleo de um processador geralmente possui sua própria cache L1, que é dividida em cache de instruções (para armazenar instruções do programa) e cache de dados (para armazenar dados). A capacidade típica da cache L1 varia de 16KB a 64KB.
    2) **Cache L2 (Nível 2):** esta cache é um pouco maior e mais lenta do que a L1, mas ainda mais rápida do que a memória principal. Pode ser dedicada a cada núcleo ou compartilhada entre vários núcleos, com capacidades que variam de 256KB a 1MB ou mais.
    3) **Cache L3 (Nível 3):** compartilhada entre todos os núcleos de um processador, a cache L3 é maior e mais lenta do que as caches L1 e L2, mas ainda oferece tempos de acesso mais rápidos do que a RAM. Suas capacidades podem variar de 4MB a 32MB ou mais.
    4) **Cache L4 (Nível 4):** em alguns sistemas avançados, há um nível adicional de cache (L4) que pode ser usado para fornecer um *buffer* ainda maior entre a CPU e a memória principal.
- **Mecanismos de Funcionamento**
    1) **Política de escrita:** as políticas de escrita determinam como e quando os dados modificados na cache são escritos de volta para a memória principal.
        - *Write-Through*: cada vez que um dado é escrito na cache, ele é simultaneamente escrito na memória principal, garantindo consistência entre os dois.
        - *Write-Back*: os dados são escritos na memória principal somente quando são removidos da cache, reduzindo o número de acessos à memória principal e melhorando o desempenho.

2) **Política de substituição:** determina quais dados na cache serão substituídos quando novos dados precisam ser carregados e não há espaço disponível.
   - *Least Recently Used* **(LRU):** substitui os dados que não foram usados há mais tempo.
   - *First In, First Out* **(FIFO):** substitui os dados na ordem em que foram carregados.
   - *Random Replacement*: substitui dados de forma aleatória, usado em algumas implementações para simplicidade.

– **Tipos de Cache**
  1) **Cache de instruções:** armazena instruções do programa para acesso rápido pela CPU, melhorando a eficiência na execução do código.
  2) **Cache de dados:** armazena dados que a CPU precisa acessar rapidamente, melhorando a eficiência nas operações de leitura e escrita.
  3) **Cache unificada:** combina instruções e dados em uma única estrutura de cache, simplificando o *design*, mas potencialmente levando a contenções.

– **Desempenho e Otimização**
  1) *Hits* e *misses*: o desempenho da cache é medido em termos de "*hits*" (quando os dados necessários estão na cache) e "*misses*" (quando os dados necessários não estão na cache).
     - **Taxa de *hit*:** proporção de acessos de memória que resultam em *hits*. Uma alta taxa de *hit* é desejável para maximizar o desempenho.
     - **Miss *penalty*:** tempo adicional necessário para buscar dados na memória principal quando ocorre um *miss*. Otimizar a cache para reduzir a *miss penalty* é crucial para o desempenho.

2) **Prefetching:** técnica usada para prever quais dados serão necessários em breve e carregá-los antecipadamente na cache, reduzindo a latência percebida.
3) **Associatividade:** refere-se ao número de locais de cache onde um determinado bloco de memória pode ser armazenado.
   – **Cache *Direct-Mapped*:** cada bloco de memória tem um único local na cache onde pode ser armazenado.
   – **Cache *Fully Associative*:** um bloco de memória pode ser armazenado em qualquer local da cache.
   – **Cache *Set-Associative*:** compromisso entre *direct--mapped* e *fully associative*, onde a cache é dividida em conjuntos, e cada bloco de memória pode ser armazenado em qualquer lugar dentro de um conjunto.

A implementação eficiente e otimizada da memória cache é vital para o desempenho dos sistemas de computação modernos. Melhorias contínuas nas políticas de gerenciamento de cache, nos algoritmos de predição e na arquitetura de hardware contribuem para a evolução do desempenho computacional (Stallings, 2021b).

- **Memórias**

A memória de um computador é onde os dados e as instruções são temporariamente armazenados enquanto estão sendo processados. Existem diferentes tipos de memória, cada uma com suas características e usos específicos.
– **Memória RAM**
– **RAM (*Random Access Memory*)**
   1) **Volátil:** a RAM é uma forma de memória volátil, o que significa que ela perde seu conteúdo quando o computador é desligado. Ela é usada para armazenar dados temporários e programas que estão atualmente em uso.

2) **Velocidade:** a RAM oferece acesso rápido aos dados, o que é essencial para o desempenho do sistema. Diferentes tipos de RAM, como DDR (*Double Data Rate*), oferecem variações em termos de velocidade e eficiência.

A tabela a seguir representa uma estrutura simplificada da memória RAM de um computador, onde os dados e as instruções são temporariamente armazenados enquanto estão sendo processados. Cada linha da tabela corresponde a um endereço de memória específico, e cada coluna representa um bit de informação armazenado nesse endereço. Aqui está uma explicação detalhada:

Tabela 1.1 – Modelo de memória RAM

Endereço	Bit 0	Bit 1	Bit 2	Bit 3
0	0	1	0	1
1	1	0	1	0
2	1	1	0	0
3	0	0	1	1

Fonte: Próprio autor.

Componentes da Tabela:
– Endereço

1) Cada endereço é um identificador único que aponta para uma localização específica na memória.
2) Na tabela, temos endereços de 0 a 3, indicando quatro diferentes locais na memória RAM.

– Bits

1) Cada endereço armazena um conjunto de bits. Na tabela, cada endereço armazena 4 bits (Bit 0, Bit 1, Bit 2, Bit 3).
2) Os bits são as menores unidades de informação na memória, podendo ser 0 ou 1.

Interpretação dos Dados:

- **Endereço 0:** armazena o valor binário 0101, onde Bit 0 é 0, Bit 1 é 1, Bit 2 é 0 e Bit 3 é 1.
- **Endereço 1:** armazena o valor binário 1010, onde Bit 0 é 1, Bit 1 é 0, Bit 2 é 1 e Bit 3 é 0.
- **Endereço 2:** armazena o valor binário 1100, onde Bit 0 é 1, Bit 1 é 1, Bit 2 é 0 e Bit 3 é 0.
- **Endereço 3:** armazena o valor binário 0011, onde Bit 0 é 0, Bit 1 é 0, Bit 2 é 1 e Bit 3 é 1.

Como Funciona a Memória RAM:
– Armazenamento Temporário

1) A memória RAM é usada para armazenar temporariamente dados e instruções que o processador precisa acessar rapidamente.
2) É volátil, o que significa que seus dados são perdidos quando o computador é desligado.

– Acesso Aleatório

1) "RAM" significa *Random Access Memory*, o que permite que qualquer local de memória seja acessado diretamente se o endereço desse local for conhecido.

– Rapidez

1) A RAM é muito mais rápida em leitura e escrita comparada a outras formas de armazenamento, como discos rígidos e SSDs, o que é crucial para o desempenho do computador.

Essa tabela é uma simplificação para ilustrar como a memória RAM pode armazenar e organizar dados em diferentes endereços de memória, com cada endereço contendo múltiplos bits de informação.

- **Memória ROM**
- **ROM (*Read-Only Memory*)**
  1) **Não volátil:** a ROM é uma forma de memória não volátil, o que significa que ela retém seu conteúdo mesmo quando o computador é desligado. Ela é usada para armazenar instruções permanentes necessárias para o funcionamento básico do computador, como o *firmware* do sistema.
  2) ***Firmware*:** a ROM contém o *firmware*, que é o software básico necessário para inicializar o hardware e carregar o sistema operacional.

Estrutura da Tabela de Memória ROM

A tabela a seguir representa uma estrutura simplificada da memória ROM de um computador, onde os dados e as instruções são permanentemente armazenados. Cada linha da tabela corresponde a um endereço de memória específico, e cada coluna representa um bit de informação armazenado nesse endereço.

Tabela 1.2 – Modelo de memória ROM

Endereço	Bit 0	Bit 1	Bit 2	Bit 3
0	1	0	1	0
1	1	1	0	1
2	0	0	1	1
3	1	1	0	0

Fonte: Próprio autor.

Componentes da Tabela:
- **Endereço**
  1) Cada endereço é um identificador único que aponta para uma localização específica na memória.

2) Na tabela, temos endereços de 0 a 3, indicando quatro diferentes locais na memória ROM.

– **Bits**

1) Cada endereço armazena um conjunto de bits. Na tabela, cada endereço armazena 4 bits (Bit 0, Bit 1, Bit 2, Bit 3).
2) Os bits são as menores unidades de informação na memória, podendo ser 0 ou 1.

Interpretação dos Dados:

- **Endereço 0:** armazena o valor binário 1010, onde Bit 0 é 1, Bit 1 é 0, Bit 2 é 1 e Bit 3 é 0.
- **Endereço 1:** armazena o valor binário 1101, onde Bit 0 é 1, Bit 1 é 1, Bit 2 é 0 e Bit 3 é 1.
- **Endereço 2:** armazena o valor binário 0011, onde Bit 0 é 0, Bit 1 é 0, Bit 2 é 1 e Bit 3 é 1.
- **Endereço 3:** armazena o valor binário 1100, onde Bit 0 é 1, Bit 1 é 1, Bit 2 é 0 e Bit 3 é 0.

Como Funciona a Memória ROM:
– **Armazenamento Permanente**

1) A memória ROM (Read-Only Memory) é usada para armazenar permanentemente dados e instruções que o computador precisa para iniciar e operar.
2) É não volátil, o que significa que seus dados são mantidos mesmo quando o computador é desligado.

– **Somente Leitura**

1) Como o nome sugere, a ROM é normalmente usada apenas para leitura. Os dados são gravados nela durante a fabricação ou por meio de um processo especial, e são usados para armazenar *firmware*.

– **Exemplo de Uso**

1) A ROM é utilizada para armazenar o *firmware*, como o BIOS (Basic Input/Output System), que é o primeiro código executado pelo computador quando ele é ligado. O BIOS inicializa o hardware e carrega o sistema operacional.

Comparação com a Memória RAM:
– **Volatilidade**

1) **RAM:** volátil (perde dados quando o computador é desligado).
2) **ROM:** não volátil (mantém dados quando o computador é desligado).

– **Funcionalidade**

1) **RAM:** usada para armazenar dados temporários e programas em execução.
2) **ROM:** usada para armazenar *firmware* e dados permanentes.

– **Acesso**

1) **RAM:** leitura e escrita.
2) **ROM:** normalmente, apenas leitura (algumas ROMs permitem escrita limitada para atualizações).

Essa tabela e a explicação simplificada ilustram como a memória ROM armazena dados de maneira permanente e como ela é essencial para a inicialização e o funcionamento básico de um computador.

- **Memória cache**

A memória cache é uma forma de memória de alta velocidade localizada próxima à CPU, usada para armazenar dados e instruções frequentemente acessados. A cache reduz a latência e aumenta a velocidade de processamento.

Estrutura da Tabela de Memória Cache

A tabela a seguir representa uma estrutura simplificada da memória cache de um computador, onde os dados e as instruções frequentemente acessados são temporariamente armazenados para acesso rápido pela CPU. Cada linha da tabela corresponde a um bloco de cache específico, e cada coluna representa um bit de informação armazenado nesse bloco.

Tabela 1.3 – Modelo de memória cache

Bloco de Cache	Bit 0	Bit 1	Bit 2	Bit 3
0	1	1	0	0
1	0	1	1	0
2	1	0	1	1
3	0	0	0	1

Fonte: Próprio autor.

Componentes da Tabela:
– **Bloco de Cache**

1) Cada bloco de cache é um identificador único que aponta para uma localização específica na memória cache.
2) Na tabela, temos blocos de 0 a 3, indicando quatro diferentes locais na memória cache.

– **Bits:**

1) Cada bloco de cache armazena um conjunto de bits. Na tabela, cada bloco armazena 4 bits (Bit 0, Bit 1, Bit 2, Bit 3).
2) Os bits são as menores unidades de informação na memória, podendo ser 0 ou 1.

Interpretação dos Dados:

- **Bloco de Cache 0:** armazena o valor binário 1100, onde Bit 0 é 1, Bit 1 é 1, Bit 2 é 0 e Bit 3 é 0.
- **Bloco de Cache 1:** armazena o valor binário 0110, onde Bit 0 é 0, Bit 1 é 1, Bit 2 é 1 e Bit 3 é 0.
- **Bloco de Cache 2:** armazena o valor binário 1011, onde Bit 0 é 1, Bit 1 é 0, Bit 2 é 1 e Bit 3 é 1.
- **Bloco de Cache 3:** armazena o valor binário 0001, onde Bit 0 é 0, Bit 1 é 0, Bit 2 é 0 e Bit 3 é 1.

Como Funciona a Memória Cache:
– Armazenamento Temporário de Alta Velocidade

1) A memória cache é usada para armazenar temporariamente dados e instruções que a CPU acessa com frequência, proporcionando tempos de acesso muito mais rápidos em comparação com a memória principal (RAM).
2) A cache é volátil, o que significa que seus dados são perdidos quando o computador é desligado.

– Redução de Latência

1) A memória cache reduz a latência, o tempo necessário para acessar dados, armazenando os dados mais frequentemente usados mais perto da CPU, o que resulta em um aumento significativo na velocidade de processamento.

– Níveis de Cache

1) **Cache L1 (Nível 1):** localizada dentro do próprio núcleo do processador, é a cache mais rápida e menor.
2) **Cache L2 (Nível 2):** um pouco maior e mais lenta do que a L1, pode ser dedicada a um único núcleo ou compartilhada entre vários núcleos.

3) **Cache L3 (Nível 3):** maior e mais lenta do que a L2, normalmente compartilhada entre todos os núcleos de um processador.

– **Política de Substituição**

1) Quando a cache está cheia, a política de substituição determina quais dados serão substituídos para dar lugar a novos dados.
2) **LRU:** substitui os dados que não foram usados há mais tempo.
3) **FIFO:** substitui os dados na ordem em que foram carregados.
4) *Random Replacement*: substitui dados de forma aleatória.

Comparação com a Memória RAM e a ROM:
– **Volatilidade**

1) **Cache:** volátil.
2) **RAM:** volátil.
3) **ROM:** não volátil.

– **Funcionalidade**

1) **Cache:** armazena temporariamente dados e instruções frequentemente acessados para acesso rápido pela CPU.
2) **RAM:** armazena dados temporários e programas em execução.
3) **ROM:** armazena *firmware* e dados permanentes.

– **Localização**

1) **Cache:** localizada próxima à CPU.
2) **RAM:** localizada em módulos de memória conectados à placa-mãe.
3) **ROM:** integrada na placa-mãe ou em dispositivos periféricos.

Essa tabela e a explicação simplificada ilustram como a memória cache armazena dados temporariamente para acesso rápido, desempenhando um papel crucial na eficiência e no desempenho geral do sistema de computação.

- Dispositivos de Entrada/Saída (E/S)

Os dispositivos de entrada/saída permitem a comunicação entre o computador e o mundo exterior. Eles são essenciais para a interação do usuário com o sistema e para a realização de tarefas diversas.

- **Dispositivos de entrada:** incluem teclados, *mouses*, *scanners* e microfones. Eles permitem que o usuário insira dados e comandos no computador.
- **Dispositivos de saída:** incluem monitores, impressoras e alto-falantes. Eles permitem que o computador exiba informações e resultados ao usuário.
- **Dispositivos de entrada/saída combinados:** alguns dispositivos, como discos rígidos e unidades USB, servem tanto para entrada quanto para saída de dados, permitindo o armazenamento e a recuperação de informações.
- Barramentos

Os barramentos são sistemas de comunicação internos que conectam os diferentes componentes do computador, permitindo a transferência de dados entre a CPU, a memória e os dispositivos de E/S.

- **Barramento de dados:** transporta os dados entre a CPU, a memória e os dispositivos de E/S.
- **Barramento de endereço:** transporta os endereços de memória que identificam onde os dados estão armazenados.
- **Barramento de controle:** transporta sinais de controle que coordenam as operações entre a CPU e outros componentes.

1.5.2 Conceitos Básicos em Informática

1. **Definição de Informática**

   Informática é o campo que lida com o processamento, o armazenamento e a comunicação de informações utilizando dispositivos eletrônicos e sistemas computacionais. Ela abrange tanto o hardware quanto o software necessários para a operação de sistemas de computação.

2. **Componentes Básicos de um Computador**

   - **Hardware:** refere-se aos componentes físicos do computador, como a Unidade Central de Processamento (CPU), a memória, os dispositivos de armazenamento e os dispositivos de entrada e saída.
   - **Software:** conjunto de instruções que o hardware executa para realizar tarefas específicas. O software pode ser dividido em software de sistema (como sistemas operacionais) e software de aplicação (como programas de edição de texto).

3. **Funcionamento de um Computador**

   - **Ciclo de instrução:** o processo pelo qual a CPU executa instruções. Envolve a busca (*fetch*), a decodificação (*decode*), a execução (*execute*) e o armazenamento (*writeback*) das instruções.
   - **Memória:** inclui a RAM (memória volátil usada para armazenar dados temporários) e ROM (memória não volátil usada para armazenar *firmware* e dados permanentes).

4. **Armazenamento de Dados**

   - **Memória primária:** RAM e cache, usadas para armazenamento temporário e rápido acesso aos dados.
   - **Memória secundária:** discos rígidos, SSDs, CDs e outros meios de armazenamento permanentes.

5. Sistemas Operacionais

Os sistemas operacionais gerenciam o hardware do computador e fornecem uma interface para os usuários interagirem com o sistema. Exemplos incluem Windows, macOS e Linux.

6. Redes de Computadores

- **LAN (Local Area Network):** redes locais que conectam computadores em uma área restrita, como uma escola ou escritório.
- **WAN (Wide Area Network):** redes que cobrem uma área geográfica ampla, como a internet.

QUESTIONÁRIO DO CAPÍTULO 1

1. O que é computação e por que é considerada um campo vasto e em constante evolução?
2. Cite algumas áreas da vida moderna onde a computação é fundamental.
3. Como a computação facilita a comunicação global?
4. Quais são os benefícios da automação de processos produtivos na indústria?
5. Descreva como a computação é utilizada na área da saúde.
6. Como a computação transformou a educação?
7. Quais tecnologias são usadas na gestão de infraestruturas críticas?
8. O que é a economia digital e como ela impacta os negócios e os empregos?
9. Explique como a simulação e a análise de *big data* aceleram descobertas científicas.
10. Qual a importância da cibersegurança na proteção de informações sensíveis?
11. Como a computação está presente no entretenimento e na mídia?
12. De que maneira a computação otimiza sistemas de transporte e logística?

13. Como a computação se integra à Engenharia Civil?
14. Quais são os usos da computação na Engenharia Elétrica?
15. Explique a importância da computação na Engenharia Mecânica.
16. Descreva como a computação é aplicada na Engenharia de Software.
17. De que forma a computação auxilia na Engenharia Ambiental?
18. Como a Engenharia Biomédica se beneficia da computação?
19. Por que é importante entender a computação para qualquer indivíduo que interage com tecnologia?
20. Quais são as habilidades práticas desenvolvidas pelo estudo da computação?

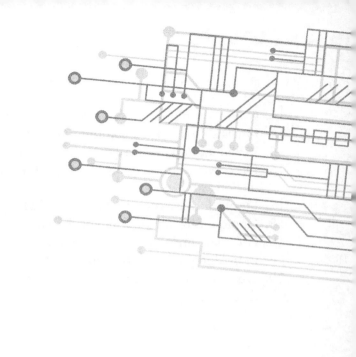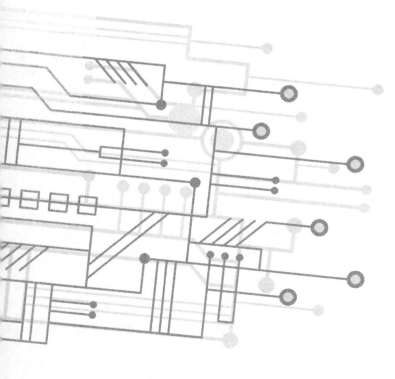

CAPÍTULO 2. CONCEITOS BÁSICOS

2.1. DEFINIÇÃO DE COMPUTADOR

Um computador é um dispositivo eletrônico capaz de receber, processar, armazenar e transmitir dados e informações de acordo com um conjunto de instruções fornecidas. Ele é projetado para realizar uma variedade de operações aritméticas e lógicas rapidamente e com precisão, facilitando tarefas que vão desde cálculos matemáticos simples até a execução de complexas simulações científicas.

- Estrutura Básica de um Computador

Um computador típico é composto por vários componentes principais, que incluem hardware e software.

1. **Hardware**

- **Unidade Central de Processamento (CPU):** também conhecida como o "cérebro" do computador, a CPU executa instruções de programas, realizando operações aritméticas, lógicas, controle e entrada/saída (I/O).

- **Memória:**
    - **RAM (Memória de Acesso Aleatório):** memória volátil que armazena dados temporários e programas em execução.
    - **ROM (Memória Somente de Leitura):** memória não volátil que armazena *firmware* essencial para inicialização do sistema.

- **Dispositivos de Armazenamento:**
  - **HDD (Disco Rígido):** dispositivo de armazenamento não volátil de grande capacidade.
  - **SSD (Unidade de Estado Sólido):** dispositivo de armazenamento não volátil, mais rápido e confiável do que o HDD.
- **Dispositivos de Entrada e Saída (I/O):** incluem teclado, *mouse*, monitor, impressora, entre outros, permitindo a interação entre o usuário e o computador.

Figura 2.1. – Esquema da CPU, memória principal e dispositivos de entrada e saída

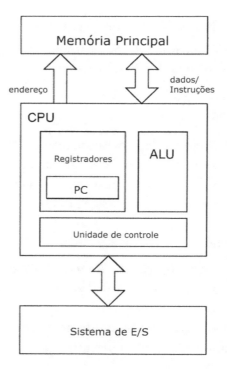

Fonte: Pedro Migão, 2010.

2. Software

- **Sistema Operacional (SO):** software essencial que gerencia o hardware do computador e fornece serviços básicos para outros softwares. Exemplos incluem Windows, macOS, Linux.
- **Software de Aplicação:** programas que executam tarefas específicas para o usuário, como processadores de texto, navegadores de internet, s de *design* gráfico, entre outros.
- Funcionamento Básico de um Computador

O funcionamento de um computador pode ser resumido em um ciclo de quatro etapas principais: entrada, processamento, armazenamento e saída.

1. **Entrada:** o computador recebe dados e instruções por meio de dispositivos de entrada, como teclado, *mouse*, *scanner* etc.
2. **Processamento:** a CPU processa os dados de acordo com as instruções fornecidas. Este processo envolve operações aritméticas e lógicas, movimentação de dados entre registradores e memória, e tomada de decisões baseadas em condições específicas.
3. **Armazenamento:** os dados processados são armazenados temporariamente na RAM ou permanentemente em dispositivos de armazenamento como HDD ou SSD, dependendo da necessidade.
4. **Saída:** os resultados do processamento são enviados para dispositivos de saída, como monitores e impressoras, onde podem ser visualizados pelo usuário.

- Classificação dos Computadores

Os computadores podem ser classificados de várias formas, baseando-se no seu tamanho, na sua capacidade de processamento, no seu uso e na sua arquitetura. Algumas das principais classificações incluem:

1. **Supercomputadores:** são os computadores mais poderosos e rápidos, utilizados para tarefas que exigem grande capacidade de processamento, como simulações científicas complexas, previsão do tempo e pesquisas espaciais.
2. *Mainframes*: computadores de grande porte usados por grandes organizações para processar e armazenar grandes volumes de dados. São conhecidos pela sua capacidade de processamento em massa e alta confiabilidade.
3. **Computadores pessoais (PCs):** destinados ao uso individual, incluem *desktops* e *laptops*. São usados para tarefas gerais como navegação na internet, edição de documentos, jogos etc.
4. **Dispositivos móveis:** incluem *smartphones* e *tablets*, que são computadores portáteis com capacidades avançadas de comunicação e processamento.
5. **Computadores embarcados:** são sistemas de computação integrados em dispositivos que não são tipicamente computadores, como automóveis, eletrodomésticos, sistemas de controle industrial, entre outros.

- Evolução dos Computadores

A evolução dos computadores pode ser dividida em várias gerações, cada uma marcada por inovações tecnológicas significativas:

1. **Primeira Geração (1940-1956):** usavam válvulas a vácuo e eram extremamente grandes e lentos.
2. **Segunda Geração (1956-1963):** utilizavam transistores, que eram menores, mais rápidos e mais confiáveis.
3. **Terceira Geração (1964-1971):** baseados em circuitos integrados, que permitiram a miniaturização e o aumento de potência.

4. **Quarta Geração (1971-presente):** usam microprocessadores, permitindo o desenvolvimento de computadores pessoais.
5. **Quinta Geração (presente e futuro):** focam em inteligência artificial e computação quântica, trazendo avanços significativos em processamento paralelo e capacidade de aprendizado.

- Importância dos Computadores na Sociedade

Os computadores desempenham um papel crucial na sociedade moderna, influenciando praticamente todos os aspectos da vida cotidiana e da indústria. Eles são fundamentais para a comunicação, a educação, a saúde, a pesquisa científica, os negócios, o entretenimento e muitas outras áreas. A capacidade de processar grandes volumes de dados rapidamente e de forma precisa permite avanços tecnológicos contínuos e o desenvolvimento de soluções inovadoras para desafios complexos.

2.2. COMPOSIÇÃO BÁSICA DO COMPUTADOR

A composição básica de um computador envolve diversos componentes de hardware e software que trabalham em conjunto para realizar operações de processamento de dados. Os principais componentes de um computador podem ser classificados em unidades de entrada, unidades de saída, CPU, memória, dispositivos de armazenamento e unidade de controle. A seguir, cada um desses componentes é descrito em detalhe.

1. **Unidade Central de Processamento (CPU)**

A CPU, conhecida como o cérebro do computador, é responsável pela execução das instruções dos programas. Ela realiza operações aritméticas, lógicas, de controle e de entrada/saída. É composta por duas unidades principais:

- **Unidade Lógica e Aritmética (ALU):** realiza operações matemáticas e lógicas.

- **Unidade de Controle (UC):** gerencia e coordena todas as operações do computador, controlando a execução de instruções.

Conforme Silberschatz, Galvin e Gagne (2018, p. 65), "a unidade central de processamento é a principal componente do computador, responsável por interpretar e executar instruções".

2. Memória

A memória é o componente responsável por armazenar dados temporários e permanentes. Ela pode ser dividida em:

- **Memória de Acesso Aleatório (RAM):** memória volátil usada para armazenar dados temporários e programas que estão em execução.
- **Memória Somente de Leitura (ROM):** memória não volátil que armazena *firmware*, como o BIOS, necessário para inicializar o sistema.

De acordo com Stallings (2021b, p. 89), "a RAM é essencial para o funcionamento eficiente de um computador, permitindo o armazenamento temporário de dados e instruções em uso".

3. Dispositivos de Armazenamento

Dispositivos de armazenamento são utilizados para guardar dados de forma permanente. Os principais tipos incluem:

- **Disco Rígido (HDD):** dispositivo de armazenamento não volátil que utiliza discos magnéticos para armazenar dados.
- **Unidade de Estado Sólido (SSD):** dispositivo de armazenamento não volátil que utiliza memória *flash* para armazenar dados, oferecendo maior velocidade e confiabilidade do que os HDDs.

Como descrito por Patterson e Hennessy (2017, p. 112), "os SSDs oferecem um desempenho significativamente melhor em termos de velocidade de acesso e resistência a choques físicos em comparação com os discos rígidos tradicionais".

4. Dispositivos de Entrada

Os dispositivos de entrada permitem que os usuários insiram dados e comandos no computador. Exemplos comuns incluem:

- **Teclado:** dispositivo de entrada que permite digitação de texto e comandos.
- *Mouse*: dispositivo apontador que permite a navegação e a interação com a interface gráfica.

Segundo Tanenbaum e Wetherall (2011, p. 137), "os dispositivos de entrada são essenciais para a interação humana com o computador, permitindo a comunicação e o controle direto".

5. Dispositivos de Saída

Os dispositivos de saída permitem que o computador apresente informações ao usuário. Exemplos incluem:

- **Monitor:** dispositivo de saída visual que exibe texto e imagens.
- **Impressora:** dispositivo de saída que produz cópias físicas de documentos e imagens.

Como destacado por Morimoto (2010, p. 151), "os monitores são os principais dispositivos de saída para a visualização de dados, oferecendo interfaces gráficas interativas".

6. Placa-Mãe

A placa-mãe é o componente principal do hardware de um computador, conectando a CPU, a memória, os dispositivos de armazenamento e outros componentes. Ela fornece os circuitos necessários para que todos os componentes do computador se comuniquem entre si.

Figura 2.2 – Placa-mãe GIGABYTE GA-EP45-DS3R

Fonte: PC PER, 2008.

De acordo com Silberschatz, Galvin e Gagne (2018, p. 72), "a placa-mãe é a espinha dorsal do sistema de hardware, suportando a interconexão e a comunicação entre todos os componentes principais do computador".

7. Fonte de Alimentação

A fonte de alimentação converte a energia elétrica da rede elétrica para a forma adequada (corrente contínua) para todos os componentes do computador.

Figura 2.3 – Fonte de alimentação

Fonte: I-TECNICO, 2024.

Conforme Patterson e Hennessy (2017, p. 89), "a fonte de alimentação é crítica para o funcionamento estável e seguro do computador, garantindo que cada componente receba a energia necessária".

8. Sistemas de Resfriamento

Os sistemas de resfriamento, como ventiladores e dissipadores de calor, são essenciais para manter a temperatura dos componentes do computador dentro de limites operacionais seguros, prevenindo o superaquecimento e garantindo a longevidade do hardware.

Na figura a seguir, pode-se observar um *cooler* convencional utilizado para reduzir a temperatura de CPUs.

Figura 2.4 – *Cooler*

Fonte: Gadget Akides, 2024.

O *cooler* é utilizado para sistemas que não exigem muita necessidade de arrefecimento, ou seja, esfriamento. A maioria dos computadores pessoais possuem *coolers* convencionais.

Para processadores mais robustos temos a estrutura do *water cooler*, capaz de resfriar com eficiência os processadores de última geração.

Figura 2.5 – Water *cooler* para PC

Fonte: 2AM GAMING, 2018.

A imagem ilustra o funcionamento de um sistema de resfriamento *water cooler* para PCs, que é projetado para reduzir a temperatura interna dos componentes do computador, proporcionando um desempenho estável e evitando danos devido ao superaquecimento.

- **Funcionamento do *Water Cooler***

O *water cooler* opera de forma semelhante ao sistema de resfriamento de um carro. Ele utiliza um líquido de arrefecimento que circula pelos tubos conectados aos componentes críticos do PC, como o processador (CPU), a placa-mãe e a placa de vídeo (GPU). Esse líquido absorve o calor gerado pelos componentes e o transporta para fora, onde é dissipado por um radiador.

Componentes do Sistema de *Water Cooler*:
1. Reservatório
 – Armazena o líquido de arrefecimento, que pode ser água destilada ou líquidos especialmente desenvolvidos para essa finalidade.

2. Bomba
– Responsável por movimentar o líquido de arrefecimento pelo sistema. Ela envia o líquido do reservatório para os tubos conectados aos componentes.

3. Tubos
– Conectam o reservatório e os componentes, permitindo que o líquido de arrefecimento circule pelo sistema. Eles são flexíveis e projetados para suportar altas temperaturas.

4. Bloco de Resfriamento (*Water Block*)
– Fica em contato direto com os componentes que precisam ser resfriados, como o processador. O bloco absorve o calor gerado e o transfere para o líquido de arrefecimento.

5. Radiador
– Equipado com ventoinhas, o radiador dissipa o calor absorvido pelo líquido de arrefecimento. O líquido quente passa pelo radiador, onde é resfriado antes de retornar ao reservatório.

6. Ventoinhas
– Auxiliam na dissipação do calor do radiador, garantindo que o líquido de arrefecimento retorne à temperatura adequada para continuar o ciclo de resfriamento.

– **Vantagens do *Water Cooler***
- Eficiência de resfriamento: a água é melhor condutor térmico do que o ar, o que permite uma transferência de calor mais eficiente. Isso é especialmente útil em sistemas de alta *performance* e em *overclocking*.
- Estabilidade de desempenho: manter os componentes do PC em temperaturas mais baixas ajuda a garantir um desempenho estável e evita danos causados pelo superaquecimento.

- Estética: sistemas de *water cooler* são visualmente atraentes e muitas vezes preferidos por *gamers* e entusiastas de *casemods*.

– Considerações Finais

Apesar das vantagens, o *water cooler* pode ser desnecessário para sistemas menos exigentes. Computadores usados para tarefas cotidianas ou jogos simples podem se beneficiar suficientemente de bons dissipadores e ventoinhas tradicionais. Para máquinas de uso profissional e sistemas de alta *performance*, o *water cooler* oferece uma solução eficiente e estilosa para o problema do superaquecimento.

Stallings (2021a, p. 105) afirma que "o resfriamento eficaz é crucial para manter o desempenho e a estabilidade do sistema, especialmente em CPUs e GPUs de alta performance".

2.3. SISTEMAS NUMÉRICOS

Os sistemas numéricos são uma parte fundamental da computação, pois são utilizados para representar dados e realizar operações aritméticas e lógicas em computadores. Existem diversos sistemas numéricos, mas os mais comuns são o sistema binário, o sistema decimal e o sistema hexadecimal. Neste capítulo, abordaremos os conceitos básicos desses sistemas e suas aplicações.

2.3.1. Sistema Binário

O sistema binário é a base da computação moderna. Ele utiliza apenas dois símbolos para representar todos os números: 0 e 1. Cada dígito em um número binário é chamado de "bit", que é a menor unidade de informação em um computador.

• Conceitos Básicos do Sistema Binário

No sistema binário, a posição de cada bit determina seu valor.

A posição mais à direita é a posição de menor valor (2^0), e cada posição à esquerda tem um valor que é uma potência de dois maior do que a posição anterior. Por exemplo:

Bit	Valor
0	2^3 (8)
1	2^2 (4)
1	2^1 (2)
0	2^0 (1)

Nesse exemplo, o número binário 0110 representa 6 no sistema decimal (4 + 2).

• **Conversão entre Binário e Decimal**

A conversão entre binário e decimal é um processo fundamental que pode ser realizado seguindo alguns passos simples:

1. **Conversão de Binário para Decimal**: para converter um número binário para decimal, multiplica-se cada bit pelo valor da sua posição e somam-se os resultados. Por exemplo, para converter 1101:

   - (1 * 2^3) + (1 * 2^2) + (0 * 2^1) + (1 * 2^0)
   - 8 + 4 + 0 + 1 = 13

   Portanto, 1101 em binário é 13 em decimal.

2. **Conversão de Decimal para Binário:** para converter um número decimal para binário, divide-se o número por 2 e anota-se o resto, repetindo o processo até que o quociente seja zero. Os restos, lidos de baixo para cima, formam o número binário. Por exemplo, para converter 13:

   - 13 / 2 = 6 (resto 1)
   - 6 / 2 = 3 (resto 0)

- 3 / 2 = 1 (resto 1)
- 1 / 2 = 0 (resto 1)

Portanto, 13 em decimal é 1101 em binário.

- Operações Aritméticas em Binário

Assim como no sistema decimal, podemos realizar operações aritméticas no sistema binário, incluindo adição, subtração, multiplicação e divisão. A seguir, veremos a adição e a subtração binárias:

1. **Adição Binária:** a adição binária segue regras simples:
   - 0 + 0 = 0
   - 0 + 1 = 1
   - 1 + 0 = 1
   - 1 + 1 = 10 (escreve-se 0 e leva-se 1 para a próxima posição)

   Por exemplo, para somar 1011 e 1101:
   ```
     1011
   + 1101
   ------
    11000
   ```

2. **Subtração Binária:** a subtração binária também segue regras específicas, incluindo o conceito de "empréstimo" similar ao sistema decimal:
   - 0 - 0 = 0
   - 1 - 0 = 1
   - 1 - 1 = 0
   - 0 - 1 = 1 (com empréstimo da próxima posição)

   Por exemplo, para subtrair 1101 de 10111:
   ```
     10111
   - 01101
   -------
     01010
   ```

- Aplicações do Sistema Binário

O sistema binário é amplamente utilizado em diversas aplicações de computação, incluindo:

- **Representação de dados:** todos os dados em um computador, incluindo texto, imagens e som, são representados em formato binário.
- **Operações lógicas:** circuitos digitais realizam operações lógicas (AND, OR, NOT) usando números binários.
- **Programação:** linguagens de programação de baixo nível, como Assembly, utilizam diretamente valores binários para operações.

O domínio do sistema binário é essencial para entender o funcionamento dos computadores e o desenvolvimento de software e hardware.

Esta seção proporcionou uma visão geral do sistema binário, suas operações e sua importância na computação. Continuaremos explorando outros sistemas numéricos nas seções seguintes.

2.3.2. Sistema Decimal

O sistema decimal é o sistema numérico mais familiar para a maioria das pessoas, pois é o sistema que usamos no dia a dia para contagem e cálculos. Este sistema é baseado em 10 dígitos (0 a 9) e é também conhecido como sistema de base 10.

- Conceitos Básicos do Sistema Decimal

No sistema decimal, a posição de cada dígito determina seu valor. A posição mais à direita é a posição de menor valor (10^0), e cada posição à esquerda tem um valor que é uma potência de 10 maior do que a posição anterior. Por exemplo:

Dígito	Valor
1	10^3 (1000)
2	10^2 (100)
3	10^1 (10)
4	10^0 (1)

Nesse exemplo, o número decimal 1234 representa: 1×1000+2×100+3×10+4×1=1234

- Conversão entre Decimal e Outros Sistemas Numéricos

A conversão entre decimal e outros sistemas numéricos, como binário e hexadecimal, é uma habilidade importante em computação.

1. **Conversão de decimal para binário:** para converter um número decimal para binário, divide-se o número por 2 e anota-se o resto, repetindo o processo até que o quociente seja zero. Os restos, lidos de baixo para cima, formam o número binário. Por exemplo, para converter 13:

   - 13 / 2 = 6 (resto 1)
   - 6 / 2 = 3 (resto 0)
   - 3 / 2 = 1 (resto 1)
   - 1 / 2 = 0 (resto 1)

   Portanto, 13 em decimal é 1101 em binário.

2. **Conversão de decimal para hexadecimal:** para converter um número decimal para hexadecimal, divide-se o número por 16 e anota-se o resto, repetindo o processo até que o quociente seja zero. Os restos, lidos de baixo para cima, formam o número hexadecimal. Por exemplo, para converter 255:

   - 255 / 16 = 15 (resto 15, que é F em hexadecimal)
   - 15 / 16 = 0 (resto 15, que é F em hexadecimal)

   Portanto, 255 em decimal é FF em hexadecimal.

3. **Conversão de binário para decimal:** para converter um número binário para decimal, multiplica-se cada bit pelo valor da sua posição e somam-se os resultados. Por exemplo, para converter 1101:

- $(1 * 2^3) + (1 * 2^2) + (0 * 2^1) + (1 * 2^0)$
- $8 + 4 + 0 + 1 = 13$

Portanto, 1101 em binário é 13 em decimal.

- Operações Aritméticas no Sistema Decimal

As operações aritméticas no sistema decimal incluem adição, subtração, multiplicação e divisão. Estas operações seguem regras bem estabelecidas:

1. **Adição decimal:** a adição no sistema decimal envolve somar os dígitos de cada coluna, começando pela direita, e levar qualquer excesso (mais de 9) para a coluna seguinte à esquerda. Por exemplo, somando 456 e 789:

    456
    + 789

    1245

2. **Subtração decimal:** a subtração no sistema decimal envolve subtrair os dígitos de cada coluna, começando pela direita, e emprestar 1 da coluna seguinte à esquerda se o minuendo for menor do que o subtraendo. Por exemplo, subtraindo 456 de 789:

    789
    - 456

    333

3. **Multiplicação decimal:** a multiplicação no sistema decimal envolve multiplicar cada dígito do multiplicador por cada dígito do multiplicando, alinhando os resultados de acordo com a posição, e somando os produtos parciais. Por exemplo, multiplicando 123 por 456:

```
    123
  x 456
  ---------
    738      123*6)
    615      (123*5, shift left by 1)
    492      (123*4, shift left by 2)
  ---------
  56088
```

4. **Divisão decimal:** a divisão no sistema decimal envolve dividir o dividendo pelo divisor, digitando um dígito por vez do quociente, e subtrair os produtos intermediários. Por exemplo, dividindo 789 por 3:

```
      263
  ----------
  3 | 789
    - 6
  ----------
     18
    -18
  ----------
      9
    - 9
  ----------
      0
```

• Aplicações do Sistema Decimal

O sistema decimal é amplamente utilizado em várias áreas, incluindo:

• **Financeiro:** transações monetárias e cálculos financeiros utilizam o sistema decimal.

- **Medições:** medidas de peso, comprimento, volume e outras grandezas físicas geralmente são expressas em decimal.
- **Educação:** o ensino da matemática básica geralmente começa com o sistema decimal.

A familiaridade com o sistema decimal é essencial para a vida cotidiana e a compreensão de conceitos mais avançados em computação e outras disciplinas científicas.

2.3.3. Sistema Hexadecimal

O sistema hexadecimal, também conhecido como sistema de base 16, é amplamente utilizado em computação e eletrônica digital devido à sua compactação e facilidade de conversão para sistemas binário e decimal. Ele utiliza 16 símbolos distintos para representar valores: 0, 1, 2, 3, 4, 5, 6, 7, 8, 9, A, B, C, D, E e F.

- Conceitos Básicos do Sistema Hexadecimal

No sistema hexadecimal, cada posição de um número representa uma potência de 16. A posição mais à direita é a posição de menor valor (16^0), e cada posição à esquerda tem um valor que é uma potência de 16 maior do que a posição anterior. Por exemplo:

Dígito	Valor
1	16^3 (4096)
A	16^2 (2560)
2	16^1 (32)
F	16^0 (15)

Nesse exemplo, o número hexadecimal 1A2F representa:
1 × 4096 + 10 × 256 + 2 × 16 + 15 = 6703

- Conversão entre Hexadecimal e Outros Sistemas Numéricos

A conversão entre hexadecimal e outros sistemas numéricos, como binário e decimal, é uma habilidade essencial em computação.

1. **Conversão de hexadecimal para decimal:** para converter um número hexadecimal para decimal, multiplica-se cada dígito pelo valor da sua posição e somam-se os resultados. Por exemplo, para converter 2F3:

    - (2 * 16^2) + (15 * 16^1) + (3 * 16^0)
    - 2 * 256 + 15 * 16 + 3-
    - 512 + 240 + 3 = 755

    Portanto, 2F3 em hexadecimal é 755 em decimal.

2. **Conversão de decimal para hexadecimal:** para converter um número decimal para hexadecimal, divide-se o número por 16 e anota-se o resto, repetindo o processo até que o quociente seja zero. Os restos, lidos de baixo para cima, formam o número hexadecimal. Por exemplo, para converter 755:

    - 755 / 16 = 47 (resto 3)
    - 47 / 16 = 2 (resto 15, que é F em hexadecimal)
    - 2 / 16 = 0 (resto 2)

    Portanto, 755 em decimal é 2F3 em hexadecimal.

3. **Conversão de binário para hexadecimal:** a conversão de binário para hexadecimal é direta e envolve agrupar bits em grupos de quatro (começando da direita) e converter cada grupo para o equivalente hexadecimal. Por exemplo, para converter 10111100:

    - Agrupar em quatro bits: 1011 1100
    - Converter cada grupo: 1011 = B e 1100 = C

    Portanto, 10111100 em binário é BC em hexadecimal.

4. **Conversão de hexadecimal para binário:** para converter um número hexadecimal para binário, substitui-se cada dígito hexadecimal pelo seu equivalente binário de quatro bits. Por exemplo, para converter 2F3:

- 2 = 0010
- F = 1111
- 3 = 0011

Portanto, 2F3 em hexadecimal é 001011110011 em binário.

- Operações Aritméticas no Sistema Hexadecimal

As operações aritméticas no sistema hexadecimal, como adição, subtração, multiplicação e divisão, seguem regras similares às do sistema decimal, com a diferença de que as operações envolvem 16 símbolos.

1. **Adição hexadecimal:** a adição no sistema hexadecimal envolve somar os dígitos de cada coluna, começando pela direita, e levar qualquer excesso (mais de 15) para a coluna seguinte à esquerda. Por exemplo, somando 1A3 e 2F4:

    1A3
    + 2F4

    497

2. **Subtração hexadecimal:** a subtração no sistema hexadecimal envolve subtrair os dígitos de cada coluna, começando pela direita, e emprestar 1 da coluna seguinte à esquerda se o minuendo for menor do que o subtraendo. Por exemplo, subtraindo 2F4 de 1A3:

    1A3
    - 2F4

    8AF

3. **Multiplicação hexadecimal:** a multiplicação no sistema hexadecimal envolve multiplicar cada dígito do multiplicador por cada dígito do multiplicando, alinhando os resultados de acordo

com a posição, e somando os produtos parciais. Por exemplo, multiplicando 1A por 2:

```
  1A
x  2
-----
  34
```

4. **Divisão hexadecimal:** a divisão no sistema hexadecimal envolve dividir o dividendo pelo divisor, digitando um dígito por vez do quociente, e subtrair os produtos intermediários. Por exemplo, dividindo 1A3 por 3:

```
    8B
   ----
3 | 1A3
  - 18
   -----
    23
   - 21
   -----
     2
```

- Aplicações do Sistema Hexadecimal

O sistema hexadecimal é amplamente utilizado em várias áreas de computação e eletrônica digital, incluindo:

- **Programação de baixo nível:** linguagens de programação de baixo nível, como Assembly, utilizam frequentemente valores hexadecimais para representar endereços de memória e instruções.
- **Depuração e análise de código:** hexadecimal é usado em depuradores e ferramentas de análise de código para representar dados de forma compacta e legível.
- *Design* **de circuitos digitais:** projetos de hardware e *design* de circuitos digitais utilizam valores hexadecimais para definir estados de registradores e configurações de hardware.

A familiaridade com o sistema hexadecimal é essencial para entender e trabalhar com diversos aspectos da computação e da eletrônica digital, proporcionando uma maneira eficiente de representar e manipular dados binários.

2.4. NOÇÕES DE LÓGICA E ALGORITMOS

A lógica e os algoritmos são fundamentais para a computação, fornecendo a base para a construção de programas e sistemas eficientes. Nesta seção, exploraremos os conceitos essenciais de lógica e algoritmos, suas aplicações e como eles são utilizados no desenvolvimento de software e na resolução de problemas.

2.4.1. Noções de Lógica

A lógica é o estudo dos princípios de raciocínio válido e é crucial na computação para a criação de algoritmos e tomada de decisões. Na computação, a lógica é utilizada para descrever e analisar o comportamento dos sistemas de forma precisa e matemática.

- Lógica Proposicional

A lógica proposicional, também conhecida como lógica de proposições, é uma forma de lógica que lida com proposições, que são declarações que podem ser verdadeiras ou falsas. As proposições são combinadas usando operadores lógicos para formar proposições compostas.

– Operadores Lógicos Básicos

- **Negação (¬):** inverte o valor de verdade de uma proposição. Se p é uma proposição, então ¬p é verdadeira se p for falsa, e vice-versa.

Exemplo: Se p representa "Está chovendo", então ¬p representa "Não está chovendo".

- **Conjunção** (∧): é verdadeira se e somente se ambas as proposições forem verdadeiras.

Exemplo: p∧q é verdadeira apenas se p e q forem verdadeiras.

- **Disjunção** (∨): é verdadeira se pelo menos uma das proposições for verdadeira.

Exemplo: p∨q é verdadeira se p ou q ou ambos forem verdadeiros.

- **Implicação** (→): representa uma relação condicional onde p implica q. É falsa somente se p for verdadeira e q for falsa.

Exemplo: "Se está chovendo (p), então o chão está molhado (q)".

- **Bicondicional** (↔): é verdadeira se p e q forem ambas verdadeiras ou ambas falsas.

Exemplo: p↔q é verdadeira se p e q tiverem o mesmo valor de verdade.

– Tabelas-Verdade

As tabelas-verdade são usadas para descrever o comportamento dos operadores lógicos, listando todos os possíveis valores de verdade das proposições e os resultados das operações.

p	q	¬p	p∧q	p∨q	p→q	p↔q
V	V	F	V	V	V	V
V	F	F	F	V	F	F
F	V	V	F	V	V	F
F	F	V	F	F	V	V

- Lógica de Predicados

A lógica de predicados, ou lógica de primeira ordem, estende a lógica proposicional ao incluir quantificadores e variáveis, permitindo expressar proposições sobre elementos específicos em um domínio.

– Quantificadores

- **Quantificador universal** ($\forall$): indica que uma proposição é verdadeira para todos os elementos do domínio.

  Exemplo: $\forall x\, (x > 0)$ significa "Para todo x, x é maior que 0".

- **Quantificador existencial** ($\exists$): indica que existe pelo menos um elemento no domínio para o qual a proposição é verdadeira.

  Exemplo: $\exists x\, (x > 0)$ significa "Existe pelo menos um x que é maior do que 0".

- Aplicações da Lógica na Computação

A lógica é aplicada em diversas áreas da computação, incluindo:

- **Desenvolvimento de software:** a lógica é usada para escrever condições e controle de fluxo em programas.

  Exemplo: Instruções if-else em linguagens de programação são baseadas em operadores lógicos.

- **Verificação e validação:** ferramentas de verificação automática usam lógica formal para garantir que sistemas de software cumpram suas especificações.

  Exemplo: *Model checking* é uma técnica de verificação formal que utiliza lógica para checar propriedades de sistemas.

- **Inteligência artificial:** sistemas de inferência lógica são usados em inteligência artificial para realizar raciocínio automático.

  Exemplo: Sistemas baseados em regras utilizam lógica proposicional para derivar conclusões a partir de um conjunto de premissas.

- **Banco de dados:** a lógica é usada em consultas de bancos de dados para extrair informações específicas.

  Exemplo: A linguagem SQL utiliza operadores lógicos para formular consultas complexas.

- Exercícios e Exemplos

Para consolidar os conhecimentos em lógica, é importante praticar com exercícios e exemplos.

Exemplo 1: Determinar a tabela-verdade para a expressão ¬(p∨q).

P	q	p∨q	¬p∨q
V	V	V	F
V	F	V	F
F	V	V	F
F	F	F	V

Exemplo 2: Escrever a expressão lógica "Se está chovendo e eu não tenho guarda-chuva, então vou me molhar" usando operadores lógicos.

- p: Está chovendo.
- q: Tenho guarda-chuva.
- r: Vou me molhar.

Expressão: p∧¬q→r

Essas noções de lógica fornecem a base necessária para a construção de algoritmos, que serão explorados a seguir.

2.4.2. Algoritmos

Os algoritmos são instruções precisas e finitas usadas para resolver problemas ou realizar tarefas. Na computação, algoritmos são fundamentais para o desenvolvimento de programas e sistemas eficientes. Nesta seção, abordaremos os conceitos básicos de algoritmos, suas características, tipos e exemplos de algoritmos comuns.

- Conceituação

    Um algoritmo é uma sequência de passos bem definidos que descreve como resolver um problema ou realizar uma tarefa. Para que um algoritmo seja eficaz, ele deve possuir as seguintes características:

- **Claridade:** cada passo do algoritmo deve ser claro, e não ambíguo.
- **Finidade:** o algoritmo deve ter um número finito de passos.
- **Efetividade:** cada passo do algoritmo deve ser realizável.
- **Entrada:** um algoritmo pode ter zero ou mais entradas.
- **Saída:** um algoritmo deve ter pelo menos uma saída.
- Refinamentos Sucessivos

Refinamento sucessivo é uma técnica usada para desenvolver algoritmos complexos, começando com uma descrição geral e refinando-a em passos mais detalhados até que cada passo seja simples o suficiente para ser implementado diretamente.

1. **Passo inicial:** começa com uma descrição geral do problema.
   Exemplo: "Ordenar uma lista de números."
2. **Primeiro refinamento:** divide o problema em subproblemas mais simples.
   Exemplo: "Dividir a lista em duas partes, ordenar cada parte e depois combinar as partes ordenadas."
3. **Refinamento detalhado:** continua dividindo cada subproblema até que todos os passos sejam detalhados e implementáveis.
   Exemplo:
   1. Dividir a lista em duas partes.
   2. Ordenar a primeira parte usando o algoritmo de ordenação.
   3. Ordenar a segunda parte usando o algoritmo de ordenação.
   4. Combinar as duas partes ordenadas.

- Algoritmos Estruturados

Algoritmos estruturados seguem princípios de programação estruturada, o que facilita a compreensão, a manutenção e a verificação do algoritmo. Eles são geralmente organizados em três estruturas básicas:

1. **Sequência:** execução sequencial de instruções.
   Exemplo:
   ```
   a = 5
   b = 10
   c = a + b
   ```

2. **Seleção:** execução condicional de instruções.
   Exemplo:
   ```
   if (a > b) then
      max = a
   else
      max = b
   ```
3. **Repetição:** execução repetida de instruções.
   Exemplo:
   ```
   while (i < n) do
   sum = sum + array[i]
   i = i + 1
   ```

- Exemplos de Algoritmos Comuns

Alguns algoritmos comuns na computação incluem:

1. **Algoritmo de busca linear:** procura um elemento em uma lista, verificando cada elemento até encontrar o desejado ou chegar ao final da lista.
   Exemplo em pseudocódigo:
   ```
   function buscaLinear(lista, valor)
   for i = 0 to length(lista) - 1
   if lista[i] == valor then
   return i
   return -1
   ```

2. **Algoritmo de busca binária:** procura um elemento em uma lista ordenada, dividindo repetidamente a lista em metades até encontrar o elemento ou determinar que ele não está na lista.
Exemplo em pseudocódigo:
```
function buscaBinaria(lista, valor)
inicio = 0
fim = length(lista) - 1
while inicio <= fim
meio = (inicio + fim) / 2
if lista[meio] == valor then
return meio
else if lista[meio] < valor then
inicio = meio + 1
else
fim = meio - 1
return -1
```

3. **Algoritmo de ordenação por inserção:** ordena uma lista inserindo cada elemento na posição correta em uma sublista ordenada.
Exemplo em pseudocódigo:
```
function ordenacaoInsercao(lista)
for i = 1 to length(lista) - 1
chave = lista[i]
j = i - 1
while j >= 0 and lista[j] > chave
lista[j + 1] = lista[j]
j = j - 1
lista[j + 1] = chave
```

- Pseudocódigo e Diagramas de Fluxo

Pseudocódigo e diagramas de fluxo são ferramentas importantes para descrever algoritmos de maneira clara e compreensível antes de sua implementação em uma linguagem de programação.

- **Pseudocódigo:** usa uma linguagem semelhante à programação para descrever algoritmos de forma estruturada e legível.

  Exemplo:
  ```
  function fatorial(n)
  if n == 0 then
  return 1
  else
  return n * fatorial(n - 1)
  ```

- **Diagramas de fluxo:** representam graficamente a sequência de passos de um algoritmo, usando símbolos padronizados para indicar diferentes tipos de ações.

  Exemplo:
  – **Oval**: início e fim.
  – **Retângulo**: processo ou ação.
  – **Losango**: decisão ou condição.
  – **Seta**: fluxo de controle.

Diagrama de fluxo: com Setas

- Exercícios e Exemplos Práticos

Para consolidar os conhecimentos sobre algoritmos, é importante praticar com exercícios e exemplos.

Exemplo 1: Escrever um algoritmo em pseudocódigo para calcular a soma dos primeiros n números naturais.

```
function somaNaturais(n)
soma = 0
for i = 1 to n
soma = soma + i
return soma
```

Exemplo 2: Desenhar um diagrama de fluxo para o algoritmo de busca linear.

Diagrama de fluxo: Algoritmo de Busca Linear

Essas noções de algoritmos fornecem a base necessária para a criação de programas eficientes e a resolução de problemas complexos. Continuaremos explorando outros conceitos importantes nas seções seguintes.

2.5. LINGUAGENS DE PROGRAMAÇÃO

Linguagens de programação são ferramentas fundamentais no campo da computação, pois permitem que os programadores escrevam instruções que os computadores podem executar. Essas linguagens variam em complexidade e aplicação, desde linguagens de baixo nível, próximas ao hardware, até linguagens de alto nível, que são mais abstratas e amigáveis ao usuário. Nesta seção, exploraremos os principais conceitos, tipos e exemplos de linguagens de programação.

2.5.1. Conceitos Básicos

Uma linguagem de programação é um conjunto formal de regras que define como as instruções podem ser escritas. Essas regras incluem sintaxe (a forma das instruções) e semântica (o significado das instruções). As linguagens de programação permitem a criação de software, desde simples *scripts* até sistemas operacionais complexos.

- Sintaxe e Semântica

    - **Sintaxe:** refere-se às regras de estrutura e formação de instruções na linguagem. Por exemplo, na linguagem C, uma instrução de atribuição deve ter a forma `variável = expressão;`.

    - **Semântica:** refere-se ao significado das instruções e como elas são executadas. Por exemplo, a instrução `x = x + 1;` em C incrementa o valor da variável x em 1.

2.5.2. Classificação das Linguagens de Programação

As linguagens de programação podem ser classificadas de várias maneiras, incluindo:

- **Nível de Abstração**

    1) **Linguagens de baixo nível:** próximas ao hardware e incluem linguagem de máquina e Assembly. São eficientes, mas difíceis de programar e entender.
    Exemplo: Assembly.

2) **Linguagens de alto nível:** abstratas e próximas da linguagem humana, facilitando a programação e a manutenção do código.
Exemplo: Python, Java.

- **Paradigma de Programação**

    1) **Linguagens imperativas:** baseadas em instruções que alteram o estado do programa.
    Exemplo: C, Pascal.
    2) **Linguagens funcionais:** baseadas em funções matemáticas, evitam estados mutáveis.
    Exemplo: Haskell, Lisp.
    3) **Linguagens orientadas a objetos:** baseadas em objetos que encapsulam dados e comportamentos.
    Exemplo: Java, C++.
    4) **Linguagens lógicas:** baseadas em regras de lógica.
    Exemplo: Prolog.

2.5.3. Exemplos de Linguagens de Programação

- C

C é uma linguagem de programação de baixo nível que oferece controle direto sobre a memória. É amplamente usada em sistemas operacionais e softwares de alto desempenho. Sua sintaxe influenciou muitas outras linguagens, incluindo C++ e Java.

- Python

Python é uma linguagem de alto nível conhecida por sua simplicidade e legibilidade. É amplamente usada em ciência de dados, inteligência artificial e desenvolvimento web. Sua sintaxe clara e a vasta biblioteca padrão a tornam uma escolha popular para iniciantes e profissionais.

- Java

Java é uma linguagem de programação orientada a objetos que se destaca por sua portabilidade. Aplicativos Java são compilados em *bytecode*, que pode ser executado em qualquer máquina virtual Java (JVM), tornando a linguagem ideal para aplicações multiplataforma.

- Haskell

Haskell é uma linguagem funcional pura, conhecida por sua expressividade e abstração matemática. É usada em pesquisa acadêmica e em indústrias que exigem alta confiabilidade e manutenção de código.

2.5.4. Compiladores e Interpretadores

Linguagens de programação podem ser compiladas ou interpretadas:

- **Compiladores:** traduzem o código fonte em código de máquina antes da execução. Isso resulta em programas mais rápidos, mas o tempo de compilação pode ser um inconveniente.

    Exemplo: GCC (GNU Compiler Collection) para C e C++.

- **Interpretadores:** executam o código fonte linha por linha. Isso permite maior flexibilidade e facilidade de depuração, mas pode resultar em menor desempenho.

    Exemplo: CPython para Python.

2.5.5. Tendências Atuais em Linguagens de Programação

Com a evolução da tecnologia, novas linguagens e paradigmas continuam a surgir, atendendo a diferentes necessidades e oferecendo soluções inovadoras para desafios contemporâneos. Algumas das tendências atuais em linguagens de programação incluem:

- **Linguagens para Desenvolvimento Web**

    1) **JavaScript:** continua sendo a linguagem principal para desenvolvimento web, graças à sua flexibilidade e ampla adoção. É essencial tanto para o *front-end* quanto para o *back-end* (com Node.js).
    2) **TypeScript:** uma extensão de JavaScript que adiciona tipagem estática, proporcionando maior segurança e melhor manutenção de código em projetos grandes.
    3) *Frameworks* **associados:** React e Angular são *frame- -works* populares que facilitam o desenvolvimento de interfaces de usuário dinâmicas e responsivas. Ambos são amplamente utilizados em empresas de tecnologia.

- **Linguagens para Ciência de Dados e IA**

    1) **Python:** reconhecida por sua simplicidade e vasta biblioteca, Python é a escolha principal para ciência de dados e inteligência artificial. Bibliotecas como NumPy, pandas, TensorFlow e scikit-learn tornam a análise de dados e o desenvolvimento de modelos de aprendizado de máquina acessíveis.
    2) **R:** amplamente usada em estatística e análise de dados, R é popular entre cientistas de dados que precisam realizar análises estatísticas complexas e visualizações de dados.
    3) **Julia:** uma linguagem relativamente nova, Julia é projetada para desempenho numérico e computação científica. Está ganhando popularidade devido à sua capacidade de executar cálculos complexos rapidamente.

- **Linguagens para Concorrência e Paralelismo**

    1) **Rust:** conhecida por suas características de segurança de memória e alto desempenho, Rust é uma escolha popular para o desenvolvimento de sistemas e aplicativos que exigem concorrência segura.

2) **Go:** desenvolvida pelo Google, Go (ou Golang) é projetada para ser simples e eficiente em ambientes concorrentes. É amplamente usada para desenvolvimento de serviços de rede e infraestrutura de servidores.

Essas tendências refletem a diversificação das necessidades na indústria de software. Linguagens de programação estão evoluindo para oferecer soluções mais eficientes, seguras e especializadas, permitindo que desenvolvedores escolham a melhor ferramenta para cada tarefa específica.

Ao se manterem atualizados com essas tendências, os profissionais de computação podem escolher as linguagens e as ferramentas mais adequadas para seus projetos, garantindo a entrega de soluções inovadoras e de alta qualidade.

2.6. INTRODUÇÃO AO MATLAB

MATLAB (Matrix Laboratory) é uma plataforma de programação amplamente utilizada para computação numérica e científica. Desenvolvido pela MathWorks, MATLAB oferece um ambiente interativo onde os usuários podem realizar cálculos, desenvolver algoritmos, criar modelos e simulações, e visualizar dados. Esta seção abordará os principais aspectos e funcionalidades do MATLAB, destacando suas aplicações e benefícios no campo da engenharia e da ciência da computação.

2.6.1. O Que é MATLAB?

MATLAB é uma linguagem de programação de alto nível que integra computação, visualização e programação em um ambiente de fácil uso. Sua sintaxe é especialmente adequada para operações com matrizes, o que facilita a manipulação de dados e a execução de cálculos complexos.

2.6.2. Principais Funcionalidades

O MATLAB oferece uma ampla gama de funcionalidades que o tornam uma ferramenta poderosa para engenheiros e cientistas. Algumas das principais funcionalidades incluem:

- **Manipulação de matrizes:** a manipulação de matrizes é a base do MATLAB, permitindo que os usuários realizem operações matemáticas complexas de maneira eficiente.
- **Visualização de dados:** ferramentas de plotagem e visualização permitem a criação de gráficos 2D e 3D, facilitando a análise e a interpretação de dados.
- **Desenvolvimento de algoritmos:** MATLAB fornece um ambiente ideal para o desenvolvimento e teste de algoritmos, com uma vasta biblioteca de funções prontas para uso.
- **Simulações e modelagem:** ferramentas como Simulink permitem a criação de modelos dinâmicos e simulações de sistemas complexos, usados amplamente na engenharia e em pesquisas científicas.
- **Interface Gráfica do Usuário (GUI):** os usuários podem criar interfaces gráficas personalizadas para facilitar a interação com os programas e modelos desenvolvidos.

2.6.3. Aplicações do MATLAB

O MATLAB é utilizado em diversas áreas devido à sua versatilidade e capacidade de lidar com problemas complexos. Algumas das principais aplicações incluem:

- **Engenharia Elétrica e Eletrônica:** análise de circuitos, processamento de sinais e *design* de sistemas de controle.
- **Engenharia Mecânica:** simulação de sistemas mecânicos, análise de dinâmica e controle de robôs.
- **Finanças:** modelagem financeira, análise de riscos e desenvolvimento de algoritmos de *trading*.

- **Ciência dos Materiais:** análise de dados experimentais, modelagem de propriedades de materiais e simulação de processos.
- **Bioengenharia:** processamento de imagens médicas, modelagem de sistemas biológicos e análise de dados genômicos.

2.6.4. Ambiente de Trabalho do MATLAB

O ambiente de trabalho do MATLAB é composto por várias janelas que facilitam o desenvolvimento e a execução de programas:

- **Command Window:** onde os usuários podem executar comandos diretamente.
- **Workspace:** exibe as variáveis atualmente em uso e suas informações.
- **Current Folder:** mostra os arquivos e diretórios no sistema de arquivos.
- **Editor:** utilizado para escrever, editar e depurar *scripts* e funções.

2.6.5. Exemplos Práticos

Para ilustrar as capacidades do MATLAB, vejamos alguns exemplos práticos:

- **Operações com matrizes:** criando e manipulando matrizes, realizando operações matemáticas básicas e avançadas.
- **Plotagem de gráficos:** gerando gráficos 2D e 3D para visualizar dados e resultados de simulações.
- **Desenvolvimento de algoritmos:** escrevendo *scripts* e funções para resolver problemas específicos, como encontrar a raiz de uma equação ou otimizar um processo.

2.6.6. Benefícios do Uso do MATLAB

O uso do MATLAB traz vários benefícios, como:

- **Produtividade:** ferramentas integradas e uma sintaxe intuitiva aumentam a eficiência do desenvolvimento.
- **Precisão:** capacidade de realizar cálculos complexos com alta precisão.
- **Flexibilidade:** adequado para uma ampla gama de aplicações e disciplinas.
- **Suporte e comunidade:** extensa documentação e uma comunidade ativa que contribui com exemplos, dicas e soluções para problemas comuns.

- Conclusão

O MATLAB é uma ferramenta essencial para profissionais de engenharia e ciência da computação, oferecendo um ambiente poderoso para desenvolvimento, análise e visualização de dados. Sua flexibilidade e vasta gama de funcionalidades permitem que os usuários abordem problemas complexos de maneira eficiente e precisa, tornando-se um recurso valioso em diversas áreas de pesquisa e desenvolvimento.

QUESTIONÁRIO DO CAPÍTULO 2

1. O que é um computador e quais são suas principais funções?
2. Descreva a estrutura básica de um computador.
3. Quais são os componentes principais do hardware de um computador?
4. Explique a diferença entre RAM e ROM.
5. Qual a função do sistema operacional em um computador?
6. O que são dispositivos de entrada e saída? Dê exemplos.
7. Como o ciclo de instrução da CPU funciona?

8. Diferencie memória primária de memória secundária.
9. O que são supercomputadores e para que são utilizados?
10. Explique o conceito de *mainframes* e sua utilização.
11. Descreva a importância dos computadores pessoais na sociedade.
12. O que são dispositivos móveis e qual a sua relevância?
13. Como os computadores embarcados são utilizados em diferentes setores?
14. Qual a importância da evolução dos computadores para a sociedade moderna?
15. Explique as características dos computadores da primeira geração.
16. Quais foram as inovações introduzidas pela segunda geração de computadores?
17. Descreva os avanços trazidos pela terceira geração de computadores.
18. Quais são as características dos computadores da quarta geração?
19. Como a inteligência artificial e a computação quântica estão moldando a quinta geração de computadores?
20. De que maneira os computadores impactam a comunicação, a educação, a saúde e outras áreas da sociedade?

CAPÍTULO 3. HISTÓRIA DA COMPUTAÇÃO

A história da computação é um campo fascinante que traça a evolução dos dispositivos e sistemas que revolucionaram a forma como processamos e utilizamos informações. Desde os primeiros instrumentos de cálculo até os modernos computadores digitais, a evolução dos sistemas computacionais reflete o progresso tecnológico e científico da humanidade.

3.1. EVOLUÇÃO DOS SISTEMAS COMPUTADORIZADOS

A evolução dos sistemas computacionais pode ser dividida em várias fases, cada uma marcada por inovações tecnológicas significativas que ampliaram as capacidades e aplicações dos computadores.

3.1.1. Primeiros Dispositivos de Cálculo

Os primeiros dispositivos de cálculo datam de milhares de anos atrás, com o ábaco sendo um dos exemplos mais antigos, usado por civilizações como a mesopotâmica e a chinesa. Esses dispositivos mecânicos permitiam realizar operações aritméticas básicas de forma mais eficiente.

Segundo Ifrah (2001), o ábaco foi um dos primeiros instrumentos a auxiliar no processo de cálculo, oferecendo uma maneira prática de realizar operações matemáticas básicas. Esses primeiros instrumentos representam a busca inicial da humanidade por métodos para simplificar e agilizar os cálculos numéricos.

3.1.2. Máquinas Mecânicas

No século XVII, surgiram as primeiras máquinas mecânicas de calcular, como a Pascalina, inventada por Blaise Pascal, em 1642, e a Máquina de Leibniz, desenvolvida por Gottfried Wilhelm

Leibniz. A Pascalina era capaz de somar e subtrair, enquanto a Máquina de Leibniz podia também multiplicar e dividir, utilizando um mecanismo de rodas dentadas.

De acordo com Augarten (1984), essas máquinas mecânicas representaram um avanço significativo, pois introduziram mecanismos automáticos para realizar operações matemáticas complexas, reduzindo a probabilidade de erro humano e aumentando a eficiência dos cálculos.

3.1.3. Primeiros Computadores Programáveis

A verdadeira revolução na computação começou no século XIX com Charles Babbage, frequentemente chamado de "pai do computador". Babbage projetou duas máquinas que são consideradas precursoras dos computadores modernos: a Máquina Diferencial e a Máquina Analítica. Embora nunca tenham sido concluídas durante sua vida, essas máquinas introduziram conceitos fundamentais que moldaram a base da computação moderna.

- Máquina Diferencial

A Máquina Diferencial foi a primeira tentativa de Babbage de criar um dispositivo mecânico capaz de realizar cálculos matemáticos complexos de maneira automática. Projetada em 1822, a Máquina Diferencial tinha como objetivo principal calcular e tabular funções polinomiais, o que era extremamente útil para a navegação marítima e a engenharia. A máquina usava rodas dentadas e engrenagens para executar cálculos, reduzindo significativamente o erro humano comum nas tabelas matemáticas manuais (Swade, 2000a).

Babbage recebeu apoio financeiro do governo britânico para desenvolver a Máquina Diferencial, mas problemas de engenharia e dificuldades de financiamento levaram ao abandono do projeto em 1833. No entanto, o conceito de uma máquina automática de cálculo pavimentou o caminho para futuros desenvolvimentos na computação.

- Máquina Analítica

Depois de abandonar a Máquina Diferencial, Babbage começou a trabalhar em um projeto ainda mais ambicioso: a Máquina Analítica. Projetada na década de 1830, a Máquina Analítica é considerada o primeiro *design* de um computador de uso geral. Diferente da Máquina Diferencial, que era limitada a cálculos específicos, a Máquina Analítica foi concebida para executar qualquer cálculo matemático ou lógico, desde que devidamente programada.

A Máquina Analítica introduziu vários conceitos inovadores que são pilares dos computadores modernos:

- **Moinho (unidade de processamento):** semelhante à Unidade Central de Processamento (CPU) dos computadores modernos, o moinho era responsável por executar operações aritméticas e lógicas.
- **Loja (memória):** a loja funcionava como um espaço de armazenamento para dados e resultados intermediários. Era capaz de armazenar até mil números de cinquenta dígitos cada.
- **Cartões perfurados para entrada de dados:** inspirados pelos teares de Jacquard, que utilizavam cartões perfurados para controlar padrões têxteis, Babbage adaptou essa tecnologia para fornecer instruções e dados à Máquina Analítica. Isso permitia a programação da máquina para diferentes tarefas.
- **Unidade de controle:** a Máquina Analítica incluía mecanismos para sequenciamento e controle do fluxo de operações, um precursor das instruções de controle de fluxo em linguagens de programação modernas.

Ada Lovelace, uma matemática e colaboradora próxima de Babbage, reconheceu a importância da Máquina Analítica e escreveu o primeiro algoritmo destinado a ser executado por uma máquina, tornando-se assim a primeira programadora da história. Lovelace previu que a Máquina Analítica poderia ir além dos cálculos numéricos e ser utilizada para criar música, arte e outros tipos de *output* simbólico, visões que anteciparam a versatilidade dos computadores modernos (Stein, 1985).

• Impacto e Legado

Embora Babbage nunca tenha construído uma versão funcional da Máquina Analítica, seus projetos detalhados e conceitos teóricos tiveram um impacto duradouro. Eles estabeleceram a base para a arquitetura dos computadores digitais que seriam desenvolvidos no século XX. Muitos dos princípios introduzidos por Babbage, como a separação entre a unidade de processamento e a memória, são fundamentais na arquitetura de von Neumann, que é a base da maioria dos computadores atuais.

Em reconhecimento ao seu pioneirismo, Babbage é celebrado como uma figura central na história da computação, e suas ideias continuam a influenciar o *design* e a funcionalidade dos sistemas computacionais modernos. O Museu de Ciência de Londres construiu uma réplica funcional da Máquina Diferencial em 1991, demonstrando que os conceitos de Babbage eram viáveis e extremamente avançados para sua época (Morrison; Morrison, 1991).

3.1.4. Era dos Computadores Eletrônicos

A era dos computadores eletrônicos marcou um salto significativo na capacidade de processamento de dados e no avanço da tecnologia computacional. Esta fase começou no século XX com a introdução de componentes eletrônicos que substituíram as partes mecânicas, permitindo o desenvolvimento de máquinas muito mais rápidas e eficientes.

• Primeiras Máquinas Eletrônicas

A transição para computadores eletrônicos começou com a invenção das válvulas termiônicas, também conhecidas como tubos de vácuo. Essas válvulas permitiram a criação de circuitos eletrônicos que podiam realizar operações lógicas e aritméticas em velocidades muito superiores às dos mecanismos mecânicos anteriores.

- ENIAC (Electronic Numerical Integrator and Computer)

Um marco significativo nessa era foi o desenvolvimento do ENIAC. Concluído em 1945, o ENIAC foi projetado por John Presper Eckert e John Mauchly na Universidade da Pensilvânia, sob o financiamento do Exército dos Estados Unidos durante a Segunda Guerra Mundial.

O ENIAC é amplamente reconhecido como o primeiro computador eletrônico de uso geral. Ele foi capaz de realizar cálculos a uma velocidade muito superior à de seus predecessores mecânicos. Equipado com cerca de 18 mil válvulas termiônicas, o ENIAC podia realizar 5 mil operações aritméticas por segundo, um feito impressionante para a época (Goldstine, 1972). No entanto, a máquina era gigantesca, ocupando uma sala inteira e consumindo uma enorme quantidade de energia.

3.1.5. Transistores e Circuitos Integrados

A invenção do transistor em 1947 por John Bardeen, Walter Brattain e William Shockley no Bell Labs revolucionou a computação e a eletrônica. O transistor, um dispositivo semicondutor que pode amplificar e comutar sinais eletrônicos, substituiu as válvulas termiônicas, tornando os computadores significativamente menores, mais rápidos e mais eficientes em termos de consumo de energia (Riordan; Hoddeson, 1997).

- A Revolução dos Transistores

Os transistores ofereciam várias vantagens em comparação com as válvulas termiônicas:

- **Menores tamanho e peso:** os transistores eram muito menores e mais leves, permitindo a criação de dispositivos mais compactos.

- **Maior eficiência energética:** consumiam muito menos energia, reduzindo o calor gerado e a necessidade de sistemas complexos de refrigeração.
- **Maior confiabilidade:** os transistores eram mais duráveis e tinham uma vida útil mais longa, reduzindo a frequência de falhas e manutenções.

Essas melhorias foram cruciais para a evolução dos computadores, permitindo o desenvolvimento de máquinas mais sofisticadas e acessíveis.

- Introdução dos Circuitos Integrados

Nos anos 1960, a introdução dos circuitos integrados (CIs) representou o próximo grande avanço na tecnologia de computação. Um circuito integrado é um conjunto de transistores e outros componentes eletrônicos miniaturizados e conectados em um único *chip* de silício. Essa inovação permitiu a criação de computadores ainda mais compactos e poderosos.

Os circuitos integrados foram desenvolvidos independentemente por Jack Kilby da Texas Instruments e Robert Noyce da Fairchild Semiconductor. Em 1958, Kilby construiu o primeiro circuito integrado funcional, e, em 1959, Noyce aprimorou a tecnologia com um método mais eficiente de fabricação.

Os benefícios dos circuitos integrados incluíam:

- **Redução de tamanho e custo:** a integração de múltiplos componentes em um único *chip* reduziu o tamanho e o custo de fabricação dos dispositivos.
- **Aumento da velocidade:** a proximidade dos componentes no *chip* permitiu a transmissão mais rápida de sinais elétricos, aumentando a velocidade de processamento.
- **Maior confiabilidade**: com menos interconexões externas, os CIs eram menos suscetíveis a falhas mecânicas e elétricas.
- Desenvolvimento dos Microprocessadores

A evolução dos circuitos integrados levou ao desenvolvimento dos microprocessadores na década de 1970. Um microprocessador é um circuito integrado que contém a CPU de um computador. Foi o advento dos microprocessadores que possibilitou a criação dos computadores pessoais.

O primeiro microprocessador comercialmente disponível foi o Intel 4004, lançado em 1971. Desenvolvido por Ted Hoff e Federico Faggin na Intel, o 4004 era um *chip* de 4 bits que integrava todas as funções de uma CPU em um único *chip*. Isso marcou o início da era dos computadores pessoais, onde a capacidade de processamento de dados estava disponível para indivíduos e pequenas empresas (Ceruzzi, 2003).

- Impacto na Indústria e na Sociedade

A transição dos transistores para os circuitos integrados e microprocessadores transformou não apenas a computação, mas também muitas outras indústrias. Dispositivos eletrônicos tornaram-se mais acessíveis e integrados em diversas aplicações, desde aparelhos domésticos até tecnologias aeroespaciais. A computação pessoal, possibilitada pelos microprocessadores, revolucionou a forma como as pessoas trabalhavam, se comunicavam e se divertiam.

Os circuitos integrados e microprocessadores continuam a evoluir, seguindo a Lei de Moore, que prevê a duplicação do número de transistores em um *chip* aproximadamente a cada dois anos, resultando em aumentos exponenciais de desempenho e reduções de custo. Este progresso contínuo sustenta a era da informação e a revolução digital que define o mundo moderno.

3.1.6. Computadores Pessoais

A década de 1970 marcou o surgimento dos PCs, que revolucionaram o acesso à computação ao torná-la acessível a indivíduos e pequenas empresas. Antes dessa época, os computadores eram predominantemente máquinas grandes e caras, usadas principalmente por governos, universidades e grandes corporações.

- Surgimento dos Microcomputadores

O Altair 8800, lançado em 1975, é frequentemente citado como o primeiro microcomputador disponível comercialmente. Desenvolvido pela MITS (*Micro Instrumentation and Telemetry Systems*), o Altair 8800 utilizava o processador Intel 8080 e foi vendido inicialmente como um kit para entusiastas montarem em casa. O Altair 8800 ganhou popularidade rapidamente, em parte devido a um artigo na revista *Popular Electronics*, que apresentou o microcomputador como uma inovação acessível e poderosa (Ceruzzi, 2003).

O sucesso do Altair 8800 incentivou o desenvolvimento de software compatível e a criação de novas empresas dedicadas ao mercado emergente de microcomputadores. Um dos programas mais notáveis desenvolvidos para o Altair foi o Altair BASIC, uma linguagem de programação criada por Bill Gates e Paul Allen, que mais tarde fundariam a Microsoft.

- Entrada de Empresas Pioneiras

Pouco depois do lançamento do Altair 8800, empresas como Apple, IBM e Microsoft começaram a dominar o mercado de PCs. Em 1976, Steve Jobs e Steve Wozniak fundaram a Apple e lançaram o Apple I, seguido pelo Apple II, em 1977, que se tornou um grande sucesso devido à sua facilidade de uso, aos gráficos coloridos e à expansibilidade. O Apple II foi amplamente adotado em escolas, pequenas empresas e residências, consolidando a Apple como uma líder na indústria de computadores pessoais (Isaacson, 2011).

- O IBM PC

Em 1981, a IBM lançou seu primeiro computador pessoal, o IBM PC (modelo 5150). Desenvolvido em menos de um ano, o IBM PC utilizava um processador Intel 8088 e o sistema operacional MS-DOS, fornecido pela Microsoft. O IBM PC foi um marco na indústria de computadores pessoais devido à sua arquitetura aberta, que permitiu a outros fabricantes produzirem componentes compatíveis, levando à proliferação de clones do IBM PC. Essa compatibilidade criou um ecossistema padronizado que impulsionou o crescimento exponencial do mercado de PCs (Ceruzzi, 2003).

A decisão da IBM de adotar uma arquitetura aberta e utilizar componentes *off-the-shelf* foi revolucionária, pois reduziu os custos de desenvolvimento e produção, facilitando a entrada de novos competidores no mercado. Empresas como Compaq, Dell e HP rapidamente começaram a produzir seus próprios computadores compatíveis com o IBM PC, aumentando ainda mais a acessibilidade e a adoção dos PCs.

- Impacto dos Computadores Pessoais

A proliferação dos computadores pessoais transformou inúmeras indústrias e aspectos da vida cotidiana. Nos escritórios, os PCs substituíram as máquinas de escrever e introduziram ferramentas de produtividade como planilhas eletrônicas, processamento de texto e software de apresentação. Em casa, os computadores pessoais permitiram o acesso a jogos, educação, finanças pessoais e comunicação, alterando a forma como as pessoas interagiam com a tecnologia.

Os PCs também desempenharam um papel crucial no desenvolvimento da Internet e da World Wide Web na década de 1990, ao fornecer a infraestrutura necessária para que indivíduos e pequenas empresas se conectassem globalmente. A acessibilidade dos computadores pessoais democratizou a informação e o conhecimento, abrindo novas oportunidades para educação, negócios e inovação (Gates, 1995).

A introdução e a evolução dos computadores pessoais desde a década de 1970 representam um dos desenvolvimentos mais significativos na história da computação. Desde o pioneiro Altair 8800 até o influente IBM PC, esses dispositivos transformaram a tecnologia em uma ferramenta cotidiana para milhões de pessoas ao redor do mundo. A compatibilidade, a acessibilidade e a expansão do mercado de PCs estabeleceram as bases para a era digital moderna.

3.1.7. Era da Computação em Rede

A evolução dos sistemas computacionais na década de 1990 e além foi marcada pela expansão das redes de computadores e pela internet. A World Wide Web, criada por Tim Berners-Lee, em 1989, transformou a maneira como as pessoas acessam e compartilham informações (Berners-Lee; Fischetti, 1999).

A Internet possibilitou a comunicação global instantânea e o compartilhamento de recursos, levando a avanços significativos em áreas como comércio eletrônico, redes sociais e serviços baseados na nuvem. Com a popularização da Web, as empresas passaram a investir na criação de *websites* e portais de serviços *online*, facilitando o acesso a produtos e informações a uma escala sem precedentes. Além disso, o desenvolvimento de tecnologias como HTML, HTTP e os navegadores web possibilitaram uma navegação mais amigável e interativa, ampliando ainda mais o alcance e a utilidade da internet (Berners-Lee; Fischetti, 1999).

A computação em rede também propiciou a criação e o crescimento de comunidades virtuais e redes sociais. Plataformas como Facebook, Twitter e LinkedIn emergiram, conectando milhões de usuários ao redor do mundo e transformando a forma como interagimos social e profissionalmente (Castells, 2001). As redes sociais se tornaram poderosas ferramentas de comunicação e *marketing*, influenciando comportamentos e tendências em tempo real.

No campo do comércio eletrônico, empresas como Amazon e eBay revolucionaram o mercado, permitindo que consumidores comprassem produtos de qualquer lugar do mundo com apenas alguns cliques (Schneider, 2017). O surgimento de sistemas de pagamento *online*, como PayPal, também facilitou transações seguras e rápidas, impulsionando ainda mais o crescimento do *e-commerce*.

Além disso, a computação em nuvem surgiu como uma das inovações mais significativas deste período. Serviços como AWS (Amazon Web Services), Google Cloud e Microsoft Azure permitiram que empresas e indivíduos armazenassem e processassem dados remotamente, reduzindo a necessidade de infraestrutura local e permitindo maior flexibilidade e escalabilidade (Mell; Grance, 2011).

• Conclusão

A evolução dos sistemas computacionais é uma jornada fascinante que reflete o progresso da tecnologia e da ciência ao longo dos séculos. Desde os primeiros dispositivos de cálculo até os modernos computadores digitais, cada inovação trouxe avanços significativos, moldando a forma como vivemos e trabalhamos. A compreensão dessa evolução é fundamental para apreciar o estado atual da computação e as possibilidades futuras.

QUESTIONÁRIO DO CAPÍTULO 3

1. Quem é considerado o "pai da computação" e por quê?
2. Descreva o funcionamento do ábaco e sua importância histórica.
3. Quais foram as principais contribuições de Blaise Pascal para a computação?
4. Explique o funcionamento da Máquina de Leibniz.
5. Quem foi Charles Babbage e quais foram suas invenções mais significativas?
6. O que foi a Máquina Diferencial de Babbage?
7. Qual a importância da Máquina Analítica de Babbage?
8. Descreva as contribuições de Ada Lovelace para a computação.
9. O que foi a primeira geração de computadores e quais suas características?
10. Explique a transição da primeira para a segunda geração de computadores.

11. Quais foram os avanços tecnológicos da terceira geração de computadores?
12. Descreva as principais características da quarta geração de computadores.
13. O que são PCs e qual foi seu impacto na sociedade?
14. Explique o desenvolvimento da internet e sua importância histórica.
15. O que é a Lei de Moore e como ela influenciou o desenvolvimento dos computadores?
16. Quem foi Alan Turing e quais foram suas contribuições para a computação?
17. O que foi o ENIAC e por que ele é significativo na história da computação?
18. Descreva a evolução dos sistemas operacionais desde suas origens até hoje.
19. Qual a importância da linguagem de programação COBOL no desenvolvimento da computação?
20. Como a computação evoluiu com a introdução da IA?

CAPÍTULO 4: PROCESSAMENTO DE DADOS

O processamento de dados é um conceito fundamental na computação, abrangendo desde a entrada de dados até a produção de informações significativas. Este capítulo irá explorar os processos de entrada, processamento e saída, além de definir conceitos-chave como dado, informação e conhecimento. Exemplos práticos e perguntas de revisão também serão incluídos para facilitar a compreensão.

4.1 ENTRADA, PROCESSAMENTO E SAÍDA

4.1.1 Entrada

A entrada de dados é uma etapa crucial no ciclo de processamento de informações, pois é o ponto inicial onde os dados brutos são capturados e preparados para serem processados. Estes dados podem ser coletados de diversas fontes e dispositivos, cada um adequado para tipos específicos de dados e aplicações. Nesta seção, vamos explorar os principais dispositivos e métodos utilizados para a entrada de dados, além de discutir a importância e os desafios associados a esta fase do processamento de informações.

- Dispositivos de Entrada

  1. Teclado

O teclado é um dos dispositivos de entrada mais comuns e amplamente utilizados. Ele permite que os usuários entrem dados alfanuméricos e comandos no sistema. O teclado é essencial para tarefas que requerem a inserção de texto, como a escrita de documentos, a programação e a navegação em sistemas operacionais.

  2. *Mouse*

O *mouse* é um dispositivo de entrada que permite ao usuário interagir com o computador de maneira gráfica. Ele é usado principalmente para navegar em interfaces gráficas de usuário (GUI), permitindo a seleção de ícones, menus e outras opções na tela. O *mouse* é fundamental para operações que envolvem precisão e facilidade de uso, como *design* gráfico e jogos.

3. *Scanner*

Os *scanners* são dispositivos que digitalizam documentos físicos, convertendo-os em imagens digitais que podem ser armazenadas, editadas e processadas por computadores. Eles são amplamente utilizados em escritórios, bibliotecas e outros ambientes que necessitam da digitalização de grandes volumes de documentos.

4. Sensores

Sensores são dispositivos que detectam mudanças no ambiente físico e convertem essas mudanças em dados digitais. Eles são amplamente utilizados em aplicações industriais, científicas e de consumo. Exemplos de sensores incluem sensores de temperatura, sensores de pressão, sensores de movimento e sensores de luz. Cada tipo de sensor é projetado para capturar dados específicos, que são então utilizados em processos de automação, monitoramento e controle.

5. Câmeras

As câmeras digitais capturam imagens e vídeos que podem ser armazenados, editados e analisados por computadores. Elas são usadas em uma variedade de aplicações, desde segurança e vigilância até produção de mídia e entretenimento. Com a evolução da tecnologia, as câmeras modernas estão equipadas com recursos avançados, como alta resolução, capacidades de gravação em alta definição e conectividade com redes de computadores.

6. Microfones

Microfones capturam som e convertem ondas sonoras em sinais elétricos que podem ser processados por computadores. Eles são usados em uma ampla gama de aplicações, incluindo comunicação por voz, gravação de áudio, reconhecimento de voz e controle por voz. A qualidade do microfone e as técnicas de processamento de áudio são cruciais para garantir a clareza e a precisão dos dados capturados.

- Métodos de Entrada
1. Entrada Manual

A entrada manual de dados envolve a inserção direta de dados por um usuário por meio de dispositivos como teclados e *mouses*. Este método é simples e direto, mas pode ser sujeito a erros humanos e é geralmente mais lento do que métodos automatizados. No entanto, é indispensável em situações nas quais a precisão e o julgamento humano são necessários, como a redação de textos e a realização de análises qualitativas.

2. Entrada Automática

A entrada automática de dados utiliza dispositivos e sistemas para capturar dados sem intervenção humana direta. Exemplos incluem *scanners* de código de barras, sensores automáticos e sistemas de leitura ótica. Este método é geralmente mais rápido e menos propenso a erros do que a entrada manual, sendo ideal para aplicações que envolvem grandes volumes de dados ou onde a velocidade é crítica.

3. Entrada por Digitalização

A digitalização envolve a conversão de documentos físicos em formatos digitais, utilizando dispositivos como *scanners* e câmeras digitais. Este método é amplamente utilizado em escritórios e ambientes acadêmicos para a preservação de documentos, a criação de arquivos digitais e a facilitação do compartilhamento de informações. A qualidade da digitalização pode ser influenciada pela resolução do dispositivo e pelas técnicas de processamento de imagem utilizadas.

4. Entrada por Sensores

A entrada de dados por sensores envolve a captura de informações do ambiente físico. Sensores são dispositivos que detectam mudanças em parâmetros físicos, como temperatura, pressão, umidade e movimento, e convertem essas mudanças em sinais elétricos que podem ser processados por um computador. Eles são essenciais em aplicações industriais, ambientais e de monitoramento de saúde.

- Importância da Entrada de Dados

A entrada de dados é fundamental para o funcionamento eficaz de sistemas de informação e para a tomada de decisões baseada em dados. Dados precisos e atualizados são essenciais para garantir que os sistemas funcionem corretamente e que as informações geradas sejam confiáveis. Além disso, a qualidade da entrada de dados pode impactar diretamente a eficiência do processamento subsequente e a utilidade da saída gerada.

- Desafios na Entrada de Dados

1. Precisão

Garantir a precisão dos dados inseridos é um dos maiores desafios na entrada de dados. Erros na entrada podem levar a resultados incorretos e a decisões inadequadas. Métodos automatizados e sistemas de validação de dados são frequentemente utilizados para minimizar esses erros.

2. Velocidade

A velocidade com que os dados podem ser inseridos no sistema é crucial em muitas aplicações, especialmente aquelas que envolvem grandes volumes de dados ou onde a informação precisa ser processada em tempo real. Dispositivos e métodos de entrada automatizados são frequentemente empregados para atender a essas necessidades.

3. Segurança

A segurança dos dados durante o processo de entrada é outra preocupação importante. Dados sensíveis precisam ser protegidos contra acesso não autorizado e perda. Isso envolve a implementação de medidas de segurança, como criptografia e autenticação de usuários, para garantir que apenas pessoas autorizadas possam inserir ou modificar dados.

4. Integração

A integração de diferentes dispositivos e métodos de entrada pode ser complexa, especialmente em sistemas grandes e heterogêneos. Garantir que todos os dispositivos funcionem harmoniosamente e que os dados capturados sejam compatíveis com os sistemas de processamento é essencial para o bom funcionamento do sistema como um todo.

4.1.2 Processamento

O processamento de dados é a etapa subsequente à entrada e envolve a transformação dos dados brutos em uma forma útil. Este processo pode variar desde operações simples, como a classificação de dados, até operações complexas, como a análise de grandes volumes de dados utilizando técnicas de mineração de dados. Nesta seção, discutiremos as diferentes formas de processamento de dados e suas aplicações.

- Tipos de Processamento

1. Processamento em Lote

O processamento em lote envolve a acumulação de dados por um determinado período e seu processamento de uma vez. Este método é adequado para aplicações onde não é necessário o processamento imediato dos dados, como a geração de relatórios financeiros periódicos. Segundo Deitel e Deitel (2011, p. 210), "o processamento em lote é eficaz para grandes volumes de dados que não requerem atualização imediata".

2. Processamento em Tempo Real

O processamento em tempo real ocorre instantaneamente após a entrada dos dados, permitindo que as informações sejam atualizadas e utilizadas imediatamente. Este método é essencial em aplicações nas quais a rapidez e a atualização contínua são críticas, como sistemas de controle de tráfego aéreo e transações bancárias. De acordo com Silberschatz, Galvin e Gagne (2013, p. 98), "o processamento em tempo real é fundamental para sistemas que exigem respostas rápidas a eventos".

3. Processamento *Online*

O processamento *online* é similar ao processamento em tempo real, mas se refere especificamente a sistemas que operam em redes de computadores, como a internet. Exemplos incluem comércio eletrônico, serviços bancários *online* e sistemas de reservas. "O processamento online permite a interação direta e imediata entre o usuário e o sistema", afirmam Tanenbaum e Van Steen (2017, p. 35).

4. Processamento Distribuído

O processamento distribuído envolve o uso de múltiplos computadores ou servidores para realizar o processamento de dados de forma simultânea. Este método é utilizado para aumentar a eficiência e a capacidade de processamento, especialmente em aplicações que envolvem grandes volumes de dados ou tarefas complexas. De acordo com Coulouris, Dollimore e Kindberg (2013, p. 76), "o processamento distribuído oferece escalabilidade e resiliência, permitindo que sistemas lidem com grandes quantidades de dados e permaneçam operacionais mesmo em caso de falhas".

4.1.3 Saída

A saída é o estágio final do ciclo de processamento de dados, onde os dados processados são transformados em informações úteis e apresentados de maneira compreensível aos usuários. A saída pode assumir várias formas, dependendo das necessidades dos usuários e do tipo de dados processados.

- Formas de Saída

1. Relatórios

Relatórios são documentos que apresentam informações de maneira estruturada e detalhada. Eles podem ser gerados em formatos impressos ou digitais e são amplamente utilizados para a tomada de decisões, auditorias e análise de desempenho. "Relatórios bem elaborados são essenciais para a comunicação eficaz de informações dentro das organizações", afirmam Laudon e Laudon (2014, p. 144).

2. Gráficos e Diagramas

Gráficos e diagramas são representações visuais de dados que facilitam a compreensão e a análise de informações complexas. Eles são especialmente úteis para identificar padrões, tendências e relações entre diferentes conjuntos de dados. De acordo com Few (2012, p. 89), "visualizações de dados bem projetadas permitem que os usuários percebam insights rapidamente e tomem decisões informadas".

3. *Dashboards*

Dashboards são interfaces visuais que agregam e exibem informações críticas em tempo real. Eles são amplamente utilizados em ambientes empresariais para monitorar o desempenho de operações, acompanhar indicadores-chave de desempenho (KPIs) e apoiar a tomada de decisões estratégicas. "Dashboards eficazes fornecem uma visão consolidada das métricas mais importantes, permitindo que os gerentes respondam rapidamente a mudanças nas condições de negócio", observa Eckerson (2010, p. 123).

4. Alertas e Notificações

Alertas e notificações são mensagens automáticas geradas pelo sistema para informar os usuários sobre eventos ou condições específicas. Eles são utilizados para chamar a atenção imediata para questões críticas, como falhas no sistema, limites excedidos ou eventos importantes. De acordo com Patterson *et al.* (2013, p. 685), "alertas e notificações são componentes chave de sistemas de monitoramento, permitindo uma resposta rápida a situações anômalas".

4.1.4 Importância da Saída de Dados

A saída de dados é crucial porque representa o resultado final do ciclo de processamento de informações. A maneira como as informações são apresentadas pode influenciar diretamente a eficácia da tomada de decisões e a capacidade dos usuários de agir com base nas informações recebidas. Portanto, a clareza, precisão e relevância das saídas são aspectos essenciais a serem considerados no *design* e na implementação de sistemas de informação.

- Conclusão

O ciclo de entrada, processamento e saída de dados é fundamental para a operação de sistemas de informação e para a transformação de dados brutos em informações significativas. Cada etapa tem sua importância e seus desafios, desde a captura precisa e eficiente de dados até o processamento adequado e a apresentação clara dos resultados. Compreender esses processos é essencial para a implementação eficaz e a gestão de sistemas de informação que suportam uma ampla gama de aplicações em diversos setores.

4.2. DEFINIÇÃO DE DADO

Os dados são a base de qualquer sistema de informação, servindo como elementos fundamentais que alimentam o processamento de informações e a tomada de decisões. Nesta seção, exploraremos a definição de dado, suas características, os tipos e a importância dos dados no contexto dos sistemas de informação.

4.2.1 O Que é um Dado?

Um dado é uma representação simbólica de um atributo ou característica de um objeto, evento ou entidade. Esses dados podem ser números, textos, imagens, sons ou qualquer outra forma de representação que possa ser interpretada por um sistema de informação. A definição de dado, conforme apresentado por Stair e Reynolds (2017, p. 55), ressalta que "dados são elementos brutos que representam fatos ou eventos, que por si sós não possuem significado até serem processados e analisados".

4.2.2 Características dos Dados

Os dados possuem várias características que determinam sua utilidade e aplicação em sistemas de informação:

1) **Brutos e não processados:** os dados, em seu estado bruto, não têm significado ou valor informativo. Eles precisam ser processados e organizados para se tornarem úteis.
2) **Estruturados e não estruturados:** dados estruturados são organizados em um formato predefinido, como tabelas de banco de dados, enquanto dados não estruturados não seguem um formato específico, como textos e imagens.
3) **Quantitativos e qualitativos:** dados quantitativos são representados por números e podem ser medidos, enquanto dados qualitativos são descritivos e frequentemente categorizados.
4) **Precisão e integridade:** a precisão refere-se à exatidão dos dados, enquanto a integridade diz respeito à consistência e à confiabilidade dos dados ao longo do tempo.

4.2.3 Tipos de Dados

Os dados podem ser classificados em diferentes tipos, cada um com suas características e aplicações específicas:

1) **Dados numéricos:** incluem inteiros e reais, usados em cálculos e análises quantitativas.
2) **Dados textuais:** consistem em caracteres alfanuméricos, utilizados para representar palavras e frases.
3) **Dados multimídia:** incluem imagens, áudio e vídeo, utilizados em aplicações que necessitam de representações visuais e sonoras.
4) **Dados temporais:** referem-se a datas e horários, essenciais para o rastreamento de eventos ao longo do tempo.
5) **Dados geoespaciais:** representam localizações geográficas, utilizados em sistemas de informação geográfica (SIG).

4.2.4 Importância dos Dados

Os dados são essenciais para a operação eficaz de sistemas de informação e para a tomada de decisões baseadas em evidências. Sua importância pode ser destacada em várias áreas:

1) **Tomada de decisões**: dados precisos e atualizados são críticos para a tomada de decisões informadas em ambientes empresariais, governamentais e acadêmicos.
2) **Análise de desempenho:** a análise de dados permite avaliar o desempenho de processos, identificar áreas de melhoria e otimizar operações.
3) **Pesquisa e desenvolvimento:** dados são fundamentais para a realização de pesquisas científicas e para o desenvolvimento de novas tecnologias e soluções.
4) **Personalização de serviços**: em setores como *marketing* e atendimento ao cliente, dados permitem a personalização de serviços e produtos, melhorando a satisfação do cliente.
5) **Monitoramento e controle:** em indústrias e infraestrutura, dados são usados para monitorar e controlar sistemas, garantindo segurança e eficiência.

4.2.5 Exemplos de Dados na Prática

1) **Empresas de tecnologia:** empresas como Google e Facebook coletam grandes volumes de dados dos usuários para personalizar anúncios e melhorar seus serviços.
2) **Saúde:** dados de pacientes, incluindo históricos médicos e resultados de exames, são utilizados para diagnósticos precisos e tratamentos personalizados.
3) **Finanças:** bancos e instituições financeiras utilizam dados para avaliar riscos, prevenir fraudes e oferecer produtos financeiros adequados aos clientes.
4) **Educação:** instituições educacionais analisam dados de desempenho dos alunos para desenvolver currículos e estratégias de ensino mais eficazes.

4.2.6 Desafios na Gestão de Dados

A gestão eficaz dos dados apresenta vários desafios, que incluem:
1) **Qualidade dos dados:** garantir que os dados sejam precisos, completos e consistentes é essencial para sua utilidade. Dados de baixa qualidade podem levar a decisões erradas.
2) **Segurança e privacidade:** proteger os dados contra acessos não autorizados e garantir a privacidade dos indivíduos são questões cruciais, especialmente com o aumento das regulamentações como o GDPR.
3) **Volume e variedade:** com o crescimento exponencial dos dados, gerenciar grandes volumes e uma variedade crescente de tipos de dados tornou-se um desafio significativo.
4) **Integração de dados:** integrar dados de diferentes fontes e formatos de maneira coerente e útil é um desafio contínuo para muitas organizações.
5) **Armazenamento e recuperação**: armazenar grandes volumes de dados de forma eficiente e garantir que possam ser recuperados rapidamente é uma preocupação técnica importante.

4.2.7 Ferramentas e Tecnologias para Gerenciamento de Dados

Diversas ferramentas e tecnologias foram desenvolvidas para auxiliar no gerenciamento de dados, desde a captura até o armazenamento e análise:

1) **Sistemas de Gestão de Bancos de Dados (SGBD):** ferramentas como MySQL, Oracle e PostgreSQL são usadas para armazenar, gerenciar e recuperar dados de forma eficiente.
2) **Ferramentas de ETL (Extração, Transformação e Carga):** ferramentas como Talend e Informatica são usadas para integrar dados de várias fontes, transformá-los em formatos utilizáveis e carregá-los em sistemas de destino.
3) **Armazenamento em nuvem:** serviços como Amazon S3, Google Cloud Storage e Microsoft Azure oferecem soluções escaláveis para o armazenamento de grandes volumes de dados.
4) **Ferramentas de análise de dados:** softwares como Tableau, Power BI e Apache Hadoop são utilizados para analisar e visualizar grandes conjuntos de dados.
5) **Tecnologias de segurança de dados:** ferramentas de criptografia, autenticação e controle de acesso são essenciais para proteger dados sensíveis contra ameaças e violações.

• Conclusão

Os dados são a espinha dorsal dos sistemas de informação modernos, servindo como a base sobre a qual informações valiosas e *insights* são construídos. Compreender a natureza e a importância dos dados, bem como os desafios associados ao seu gerenciamento é essencial para qualquer profissional de TI ou gestor que deseja tirar o máximo proveito dos dados disponíveis. Ao implementar práticas eficazes de gestão de dados e utilizar as tecnologias apropriadas, as organizações podem garantir que seus dados sejam um recurso valioso e estratégico na busca pela excelência e inovação.

4.3. DEFINIÇÃO DE INFORMAÇÃO

A informação é um componente vital em qualquer sistema de informação, pois representa o resultado final do processamento de dados brutos, transformando-os em algo significativo e útil. Nesta seção, exploraremos a definição de informação, suas características, tipos, e a importância da informação na tomada de decisões e na operação de sistemas de informação.

4.3.1 O Que é Informação?

Informação é o resultado do processamento, da organização e da estruturação dos dados de forma que tenham um significado ou utilidade para quem os recebe. Segundo Laudon e Laudon (2014, p. 27), "dados processados que têm um significado específico e valor para o usuário final, auxiliando na tomada de decisões". Em outras palavras, a informação é dada quando os dados são analisados e interpretados no contexto apropriado, tornando-se compreensíveis e valiosos para os usuários.

4.3.2 Características da Informação

A informação possui várias características que determinam sua utilidade e eficácia:

1) **Relevância:** a informação deve ser pertinente e útil para o contexto ou a situação em que é utilizada. Informação relevante facilita a tomada de decisões e a resolução de problemas.
2) **Precisão:** a informação deve ser exata e correta. Erros na informação podem levar a decisões inadequadas e consequências negativas.
3) ***Completeness***: a informação deve ser completa, contendo todos os dados necessários para um entendimento adequado da situação. Informação incompleta pode ser tão prejudicial quanto informação incorreta.

4) **Pontualidade:** a informação deve ser disponível no momento certo. Informação recebida tarde demais pode ser inútil ou menos eficaz.
5) **Consistência:** a informação deve ser consistente e confiável ao longo do tempo e de diferentes fontes. Inconsistências podem causar confusão e minar a confiança nos dados.

4.3.3 Tipos de Informação

A informação pode ser classificada em diferentes tipos, cada um com suas próprias características e aplicações específicas:

1) **Informação quantitativa:** dados numéricos que podem ser medidos e quantificados, como estatísticas de vendas, dados financeiros e resultados de pesquisas.
2) **Informação qualitativa:** dados descritivos que são mais subjetivos e menos quantificáveis, como opiniões, comentários e *feedback* de clientes.
3) **Informação estruturada:** dados organizados em um formato predefinido, como tabelas de banco de dados e planilhas.
4) **Informação não estruturada:** dados que não seguem um formato específico, como *e-mails*, documentos de texto e postagens em redes sociais.
5) **Informação interna:** dados gerados e utilizados dentro de uma organização, como relatórios internos e documentos financeiros.
6) **Informação externa:** dados coletados de fontes externas, como pesquisas de mercado, relatórios da indústria e dados de concorrentes.

4.3.4 Importância da Informação

A informação desempenha um papel crucial em diversos aspectos da operação de sistemas de informação e na tomada de decisões:

1) **Tomada de decisões:** a informação fornece a base para decisões informadas. Dados precisos e relevantes permitem que gestores e líderes empresariais façam escolhas acertadas.

2) **Planejamento estratégico:** informações detalhadas sobre o mercado, concorrência e tendências ajudam as organizações a formularem estratégias eficazes e a anteciparem mudanças no ambiente de negócios.
3) **Eficiência operacional:** informação adequada melhora a eficiência dos processos operacionais, permitindo a otimização de recursos e a melhoria contínua.
4) **Inovação:** informações sobre novas tecnologias, tendências de mercado e *feedback* de clientes são fundamentais para o desenvolvimento de novos produtos e serviços.
5) **Monitoramento e controle:** informação precisa e atualizada é essencial para o monitoramento contínuo das operações e para o controle de qualidade e desempenho.

4.3.5 Exemplos de Uso da Informação na Prática

1) *Business Intelligence* **(BI):** ferramentas de BI são usadas para coletar, processar e analisar dados, transformando-os em informações valiosas para a tomada de decisões estratégicas. Por exemplo, *dashboards* de BI podem mostrar métricas de desempenho em tempo real, ajudando gestores a identificar áreas que precisam de atenção.
2) **Sistemas de Gestão de Relacionamento com o Cliente (CRM):** sistemas de CRM coletam e analisam dados de clientes para melhorar o atendimento e a personalização dos serviços. Informações sobre histórico de compras, preferências e *feedback* dos clientes são usadas para criar campanhas de *marketing* direcionadas e para melhorar a experiência do cliente.
3) **Sistemas de Planejamento de Recursos Empresariais (ERP):** sistemas ERP integram informações de diferentes áreas da empresa, como finanças, recursos humanos e logística, proporcionando uma visão abrangente das operações. Isso permite uma melhor coordenação e eficiência nas operações empresariais.

4) **Análise de dados em saúde:** informações de pacientes, resultados de exames e dados de pesquisas são usados para melhorar diagnósticos, tratamentos e políticas de saúde. Ferramentas de análise de dados ajudam os profissionais de saúde a identificarem padrões e a tomarem decisões baseadas em evidências.
5) *E-commerce*: plataformas de comércio eletrônico coletam e analisam informações sobre o comportamento dos consumidores, permitindo a personalização de recomendações de produtos e a otimização de estratégias de vendas.

4.3.6 Desafios na Gestão da Informação

A gestão eficaz da informação apresenta vários desafios:
1) **Qualidade da informação:** garantir a precisão, a completude e a relevância da informação é crucial para sua utilidade. Informação de baixa qualidade pode levar a decisões equivocadas e prejuízos.
2) **Segurança e privacidade:** proteger a informação contra acessos não autorizados e garantir a privacidade dos dados pessoais são questões críticas, especialmente com o aumento das regulamentações como o GDPR.
3) **Volume de informação:** o crescimento exponencial do volume de informações geradas e coletadas representa um desafio significativo para o armazenamento, o processamento e a análise.
4) **Integração de informação:** integrar informações de diferentes fontes e formatos de maneira coerente e útil é uma tarefa complexa que requer tecnologias e processos eficazes.
5) **Disponibilidade e acessibilidade:** garantir que a informação esteja disponível e acessível no momento necessário é essencial para a eficácia dos sistemas de informação.

4.3.7 Ferramentas e Tecnologias para Gestão da Informação

Diversas ferramentas e tecnologias foram desenvolvidas para auxiliar na gestão da informação:

1) **Sistemas de Gestão de Conteúdo (CMS):** ferramentas como WordPress e Drupal são usadas para gerenciar e publicar conteúdos digitais.
2) **Sistemas de BI e análise de dados:** ferramentas como Tableau, Power BI e Qlik Sense são usadas para coletar, processar e analisar grandes volumes de dados, transformando-os em informações acionáveis.
3) **Plataformas de *big data*:** tecnologias como Hadoop e Spark permitem o processamento e a análise de grandes volumes de dados, facilitando a extração de *insights* valiosos.
4) **Ferramentas de *data mining*:** softwares como RapidMiner e KNIME são usados para explorar grandes conjuntos de dados e descobrir padrões ocultos.
5) **Sistemas de Gestão de Documentos (DMS):** ferramentas como SharePoint e Alfresco ajudam a organizar, armazenar e recuperar documentos eletrônicos de forma eficiente.

• **Conclusão**

A informação é um recurso valioso que resulta do processamento de dados brutos e é essencial para a tomada de decisões informadas, a melhoria da eficiência operacional e a inovação contínua. Compreender as características, os tipos e a importância da informação, bem como os desafios associados à sua gestão, é fundamental para qualquer organização que deseja aproveitar ao máximo seus dados. Ao implementar práticas eficazes de gestão da informação e utilizar as tecnologias apropriadas, as organizações podem garantir que a informação se torne um ativo estratégico na busca pela excelência e competitividade.

4.4. DEFINIÇÃO DE CONHECIMENTO

O conhecimento é a aplicação e utilização da informação de forma contextualizada e significativa, permitindo a tomada de decisões e a execução de ações baseadas na experiência e compreensão adquirida. Ele é uma camada acima da informação, onde os dados processados e interpretados são combinados com a experiência, as habilidades e a intuição do indivíduo. Nonaka e Takeuchi (1995, p. 42) descrevem conhecimento como "informação que foi interpretada e internalizada por indivíduos, permitindo a criação de novas ideias e inovações".

4.4.1 A Natureza do Conhecimento

O conhecimento é um recurso valioso e dinâmico que envolve um processo contínuo de aquisição, interpretação e aplicação. Ele pode ser explícito ou tácito:

- Conhecimento Explícito

Conhecimento explícito é aquele que pode ser facilmente articulado, codificado e transmitido. Ele inclui manuais, documentos, procedimentos e qualquer outra forma de conhecimento que pode ser formalmente compartilhada. Segundo Davenport e Prusak (1998, p. 5), "o conhecimento explícito é o tipo mais facilmente capturado e distribuído, pois pode ser registrado em documentos e bancos de dados".

- Conhecimento Tácito

Conhecimento tácito é mais difícil de codificar e compartilhar, pois está embutido na experiência pessoal, nos *insights*, nas intuições e nas habilidades de um indivíduo. Este tipo de conhecimento é adquirido por meio da prática e da interação social. Nonaka e Takeuchi (1995, p. 8) destacam que "o conhecimento tácito é altamente pessoal e difícil de formalizar, tornando-se um recurso crítico para a inovação".

4.4.2 A Criação do Conhecimento

Nonaka e Takeuchi (1995) propuseram o Modelo SECI (Socialização, Externalização, Combinação e Internalização) para descrever o processo de criação do conhecimento nas organizações:

1) **Socialização:** o conhecimento tácito é compartilhado entre os indivíduos por meio de experiências compartilhadas, observações e prática conjunta.
2) **Externalização:** o conhecimento tácito é articulado e transformado em conhecimento explícito por meio de metáforas, analogias e modelos.
3) **Combinação:** o conhecimento explícito é sistematizado e combinado com outros conhecimentos explícitos para formar novos conceitos e sistemas.
4) **Internalização:** o conhecimento explícito é internalizado por indivíduos, tornando-se parte do seu conhecimento tácito por meio da prática e da experiência.

4.4.3 A Gestão do Conhecimento

A gestão do conhecimento (KM) é uma disciplina que envolve a criação, o compartilhamento, o uso e o gerenciamento do conhecimento de uma organização. Ela busca maximizar a eficácia do conhecimento e melhorar a capacidade da organização de resolver problemas e inovar.

• Componentes da Gestão do Conhecimento

1) **Captura de conhecimento:** envolve a identificação e o registro de conhecimentos importantes, tanto explícitos quanto tácitos.
2) **Compartilhamento de conhecimento:** inclui a disseminação de conhecimentos por meio de tecnologias como intranets, bases de dados e redes sociais corporativas.
3) **Aplicação de conhecimento:** refere-se ao uso do conhecimento adquirido para tomar decisões e executar ações.

4) **Retenção de conhecimento:** envolve a preservação do conhecimento organizacional para uso futuro, prevenindo a perda de conhecimento crítico com a saída de funcionários.

4.4.4 Importância do Conhecimento

O conhecimento é um ativo estratégico para qualquer organização, proporcionando uma vantagem competitiva significativa. Ele permite uma melhor tomada de decisão, inovação contínua e adaptação às mudanças do mercado. Algumas das principais vantagens do conhecimento incluem:

1) **Inovação:** conhecimento profundo e diversificado, permite a criação de novos produtos, serviços e processos.
2) **Eficiência operacional:** aplicar conhecimento existente pode melhorar a eficiência e reduzir custos operacionais.
3) **Satisfação do cliente:** compreender as necessidades e preferências dos clientes por meio do conhecimento adquirido pode levar a uma melhor experiência do cliente.
4) **Capacitação dos funcionários:** o conhecimento compartilhado capacita os funcionários a desempenharem melhor suas funções e a resolverem problemas de maneira mais eficaz.

4.4.5 Exemplos de Aplicação do Conhecimento

1. Entrada de Dados em um Sistema Bancário

Em um sistema bancário, o conhecimento é aplicado para melhorar a eficiência e a segurança da coleta de dados. Por exemplo, caixas eletrônicos e interfaces de internet *banking* utilizam algoritmos avançados e práticas de segurança baseadas no conhecimento adquirido de padrões de fraude e comportamento dos clientes. Esse conhecimento é utilizado para autenticar usuários, detectar atividades suspeitas e fornecer recomendações personalizadas de produtos financeiros.

2. **Processamento de Dados em Comércio Eletrônico**

No comércio eletrônico, o conhecimento sobre o comportamento do consumidor e as tendências de mercado é essencial para fornecer recomendações personalizadas. Plataformas como Amazon e Netflix utilizam sistemas de recomendação baseados em conhecimento adquirido de dados de compras e visualizações anteriores dos clientes. Isso melhora a experiência do usuário e aumenta as vendas, demonstrando a aplicação prática do conhecimento para criar valor.

3. **Saída de Dados em Monitoramento de Saúde**

Em sistemas hospitalares, o conhecimento é aplicado para monitorar e analisar sinais vitais dos pacientes. Gráficos e relatórios são gerados a partir dos dados coletados e processados, permitindo que médicos tomem decisões informadas sobre tratamentos e intervenções. O conhecimento médico combinado com dados do paciente resulta em diagnósticos mais precisos e cuidados personalizados.

4.4.6 Desafios na Gestão do Conhecimento

Embora a gestão do conhecimento ofereça muitos benefícios, também apresenta vários desafios:

1) **Captura de conhecimento tácito:** capturar e codificar conhecimento tácito é difícil devido à sua natureza intangível e pessoal.
2) **Compartilhamento de conhecimento:** criar uma cultura de compartilhamento de conhecimento pode ser desafiador, especialmente em organizações nas quais a competição interna é prevalente.
3) **Atualização de conhecimento:** o conhecimento precisa ser continuamente atualizado para permanecer relevante e útil, o que requer um esforço constante.
4) **Tecnologia:** implementar tecnologias de gestão do conhecimento eficazes pode ser caro e complexo.

4.4.7 Ferramentas e Tecnologias para Gestão do Conhecimento

Diversas ferramentas e tecnologias podem apoiar a gestão do conhecimento:

1) **Sistemas de Gestão de Conhecimento (KMS):** ferramentas como SharePoint, Confluence e IBM Watson Knowledge Studio ajudam na captura, no armazenamento e no compartilhamento de conhecimento.
2) **Redes sociais corporativas:** plataformas como Yammer e Slack facilitam a comunicação e o compartilhamento de conhecimento entre funcionários.
3) **Bases de dados e repositórios de conhecimento:** sistemas como Google Drive e Dropbox permitem o armazenamento centralizado e o acesso fácil a documentos e informações importantes.
4) **Ferramentas de colaboração:** softwares como Trello, Asana e Microsoft Teams ajudam na coordenação de projetos e no compartilhamento de conhecimento entre equipes.

- Conclusão

O conhecimento é um recurso fundamental que resulta da interpretação e internalização da informação. Ele permite a criação de novas ideias, a tomada de decisões informadas e a inovação contínua. A gestão eficaz do conhecimento é crucial para maximizar seu valor e assegurar que ele seja utilizado de maneira estratégica para alcançar os objetivos organizacionais. Compreender a natureza do conhecimento, os processos de criação e gestão do conhecimento, e as ferramentas disponíveis para apoiá-lo é essencial para qualquer organização que deseja permanecer competitiva e inovadora.

4.5. Exemplos Aplicáveis do Capítulo

Para ilustrar a aplicação prática dos conceitos discutidos neste capítulo, apresentamos alguns exemplos:

4.5.1 Entrada de Dados em um Sistema Bancário

Em um sistema bancário, a entrada de dados é uma etapa crucial para garantir a segurança e a precisão das transações financeiras. Caixas eletrônicos e interfaces de internet *banking* são utilizados para coletar informações de depósitos, saques e transferências. Esses dispositivos capturam dados como números de conta, valores das transações e autenticação de usuários por meio de senhas e biometria. A precisão na entrada de dados é essencial para evitar fraudes e garantir a integridade das transações.

4.5.2 Processamento de Dados em Comércio Eletrônico

No comércio eletrônico, o processamento de dados é fundamental para oferecer uma experiência personalizada aos clientes. Plataformas de *e-commerce* coletam dados de compras, navegação e *feedback* dos clientes. Esses dados são processados para analisar padrões de compra, preferências e comportamento dos consumidores. Sistemas de recomendação utilizam esses dados para sugerir produtos relevantes, aumentando a satisfação do cliente e impulsionando as vendas. O processamento eficiente dos dados permite uma resposta rápida às demandas do mercado e adaptações às tendências de consumo.

4.5.3 Saída de Dados em Monitoramento de Saúde

Em sistemas hospitalares, a saída de dados é crucial para a tomada de decisões médicas. Monitoramento contínuo de sinais vitais dos pacientes, como frequência cardíaca, pressão arterial e níveis de oxigênio, gera uma grande quantidade de dados. Esses dados são processados e apresentados em gráficos e relatórios que ajudam os médicos a avaliarem a condição do paciente e ajustarem tratamentos. A saída de dados precisa e em tempo real é essencial para garantir a qualidade do atendimento e a segurança dos pacientes.

- **Conclusão dos Exemplos**

Esses exemplos demonstram a aplicação prática dos conceitos de entrada, processamento e saída de dados em diferentes contextos. Em cada caso, a precisão, a segurança e a eficiência no manejo dos dados são essenciais para alcançar os objetivos desejados, seja na segurança das transações bancárias, na personalização da experiência de compra ou na qualidade do atendimento médico.

QUESTIONÁRIO DO CAPÍTULO 4

1. O que é processamento de dados e por que é importante?
2. Explique a diferença entre dados e informações.
3. Explique o ciclo de vida do processamento de dados.
4. O que é entrada de dados e quais são seus métodos comuns?
5. Descreva o conceito de processamento *batch*.
6. O que é processamento em tempo real?
7. Explique a importância da verificação de dados.
8. O que são erros de dados e como podem ser evitados?
9. Descreva o processo de armazenamento de dados.
10. O que é um banco de dados e quais são seus principais tipos?
11. Explique o conceito de recuperação de dados.
12. O que é mineração de dados e quais são suas aplicações?
13. Descreva a importância da privacidade e da segurança no processamento de dados.
14. O que é um *data warehouse* e qual sua função?
15. Explique a diferença entre dados estruturados e não estruturados.
16. O que é um sistema de gerenciamento de banco de dados (SGBD)?
17. Descreva a importância do *backup* de dados.
18. O que são *big data* e quais são seus desafios?
19. Explique o conceito de inteligência de negócios (BI).
20. Como o processamento de dados é utilizado na tomada de decisões empresariais?

CAPÍTULO 5: HARDWARE

5.1. DEFINIÇÃO DE HARDWARE

O termo hardware refere-se a todos os componentes físicos de um sistema computacional, englobando dispositivos de processamento, armazenamento, entrada e saída. É a infraestrutura tangível que executa as instruções fornecidas pelo software, possibilitando a realização de operações lógicas e aritméticas necessárias para o processamento de dados. Cada elemento possui uma função específica, e o *design* otimizado do hardware pode impactar diretamente o desempenho e a eficiência de um sistema.

5.2. ARQUITETURA DOS COMPONENTES DE HARDWARE

A arquitetura de um computador é uma descrição detalhada de como os componentes de hardware interagem e se conectam para realizar suas funções. Esses componentes principais incluem:

5.2.1. CPU

A CPU é o componente central de qualquer sistema computacional e é responsável pela execução das instruções que constituem programas e softwares. Em sua essência, a CPU é um circuito eletrônico complexo que interpreta e executa comandos de software, coordenando todas as operações do sistema por meio de controle e comunicação com outros dispositivos. Sua arquitetura interna é projetada para maximizar a eficiência de processamento e garantir a execução precisa de operações lógicas e aritméticas.

• **Arquiteturas e Conjuntos de Instruções**

As CPUs modernas são classificadas de acordo com suas arquiteturas e conjuntos de instruções (*Instruction Set Architectures*

– ISAs), que determinam a forma como as instruções são processadas e como interagem com o hardware subjacente. Os principais tipos de arquiteturas incluem:
1) **x86 e x86-64:** desenvolvidas pela Intel e pela AMD, essas arquiteturas são amplamente utilizadas em computadores pessoais e servidores. Suas características incluem suporte a um grande número de instruções, técnicas avançadas de paralelismo (como Hyper-Threading) e suporte para execução de instruções complexas em um único ciclo.
2) **ARM (*Advanced RISC Machine*):** utilizadas predominantemente em dispositivos móveis e sistemas embarcados, as arquiteturas ARM são baseadas em um conjunto reduzido de instruções (RISC – *Reduced Instruction Set Computing*), o que permite alta eficiência energética e *design* simplificado. A arquitetura ARM também permite a inclusão de extensões como NEON para processamento de sinais digitais.
3) **RISC-V:** Uma arquitetura aberta que segue os princípios RISC, permitindo customizações que otimizam o desempenho e o consumo de energia para aplicações específicas. É cada vez mais utilizada em aplicações de IA, dispositivos IoT e pesquisa acadêmica.

• **Componentes Internos de uma CPU**

Cada CPU é composta por uma série de unidades funcionais que trabalham em sincronia para executar tarefas complexas. Os principais componentes internos incluem:
1) **Unidade Lógica e Aritmética (ALU – *Arithmetic Logic Unit*):** a ALU é o bloco de construção fundamental da CPU, responsável por realizar operações matemáticas (adição, subtração, multiplicação e divisão) e operações lógicas (AND, OR, XOR e NOT). Cada operação realizada pela ALU é baseada em circuitos combinacionais, como somadores, multiplexadores e

geradores de *carry*, que determinam o resultado de cada cálculo com base em sinais binários.
- *Pipeline* **de ALU:** em CPUs modernas, a ALU é projetada com técnicas de *pipeline* para permitir que várias operações sejam processadas em estágios simultâneos, aumentando o *throughput*. Isso significa que, enquanto uma operação é finalizada, outras operações podem estar nos estágios iniciais do *pipeline*.

2) **Unidade de controle (*Control Unit*): a** Unidade de Controle atua como o "cérebro" da CPU, gerenciando o fluxo de dados entre a ALU, a memória e outros componentes. A unidade de controle interpreta as instruções contidas em um programa e gera sinais de controle que direcionam as operações internas e externas.
- **Decodificação de instruções:** a unidade de controle utiliza circuitos de decodificação para interpretar cada instrução da linguagem de máquina e gerar sinais de controle apropriados para executar a operação.
- **Caminho de Dados (*data path*):** a unidade de controle define o caminho de dados entre os registradores, a memória e a ALU, coordenando o envio e o recebimento de informações.

3) **Registradores**

Os registradores são pequenas áreas de armazenamento localizadas dentro do processador, usadas para armazenar dados temporários e endereços durante a execução de uma instrução. A velocidade dos registradores é superior à de qualquer outro tipo de memória no sistema, permitindo acesso quase instantâneo aos dados.
- **Registradores de Propósito Geral (GPRs):** utilizados para armazenar operandos e resultados intermediários.
- **Registradores de Propósito Específico:** incluem o **Contador de Programa (PC – Program Counter)**, que rastreia a próxima instrução a ser executada, e o **Registrador**

de Estado (*Status Register*), que monitora as condições de operação da CPU (por exemplo, *carry*, zero e *overflow*).

4) **Memória Cache:** a memória cache é uma memória interna de alta velocidade que armazena instruções e dados frequentemente utilizados pela CPU. Está organizada em uma hierarquia multinível (geralmente L1, L2 e L3), com cada nível oferecendo diferentes capacidades e latências. A memória cache atua como um intermediário entre a memória principal (RAM) e a CPU, reduzindo significativamente o tempo de acesso a dados críticos.

   – **Cache L1:** o mais próximo dos núcleos de processamento e o mais rápido. Normalmente dividido em cache de dados e cache de instruções.

   – **Cache L2:** possui maior capacidade que o L1, mas é um pouco mais lento. Armazena dados e instruções menos utilizados do que o L1.

   – **Cache L3:** compartilhado entre todos os núcleos de uma CPU e otimizado para reduzir latências intercore.

5) **Unidade de Ponto Flutuante (FPU –** *Floating Point Unit*): a FPU é um componente dedicado ao processamento de operações de ponto flutuante (operações matemáticas que envolvem números não inteiros, como 3,14 ou 2,718). A FPU é projetada para lidar com a complexidade de cálculos que exigem precisão e tempo de execução reduzido, utilizando *pipelines* especializados para multiplicação, divisão e raiz quadrada.

   – **Operações SIMD (***Single Instruction, Multiple Data***):** as FPUs modernas suportam instruções SIMD, que permitem a execução de uma única operação em múltiplos dados simultaneamente, acelerando o processamento em aplicações de multimídia e aprendizado de máquina.

6) ***Pipeline*** **de instruções:** o *pipeline* de instruções é uma técnica usada para aumentar a eficiência de uma CPU, permitindo que múltiplas instruções sejam processadas em diferentes estágios ao mesmo tempo. Um *pipeline* típico inclui os seguintes estágios:

- **Busca (*Fetch*)**: a instrução é lida da memória e armazenada em um registrador de instruções.
- **Decodificação (*Decode*)**: a instrução é decodificada pela unidade de controle para determinar a operação a ser realizada.
- **Execução (*Execute*)**: a ALU ou FPU executa a operação.
- **Memória (Memory Access)**: acessa a memória principal para ler ou escrever dados, se necessário.
- ***Write Back***: os resultados são gravados de volta nos registradores.

Quadro 5.1 – *Pipeline* de instruções

Tempo	Instrução 1	Instrução 2	Instrução 3	Instrução 4	Instrução 5
T1	Busca (*Fetch*)				
T2	Decodificação (*Decode*)	Busca (*Fetch*)			
T3	Execução (*Execute*)	Decodificação (*Decode*)	Busca (*Fetch*)		
T4	Acesso à Memória (*Memory Access*)	Execução (*Execute*)	Decodificação (*Decode*)	Busca (*Fetch*)	
T5	Gravação (*Write Back*)	Acesso à Memória (*Memory Access*)	Execução (*Execute*)	Decodificação (*Decode*)	Busca (*Fetch*)
T6		Gravação (*Write Back*)	Acesso à Memória (*Memory Access*)	Execução (*Execute*)	Decodificação (*Decode*)
T7			Gravação (*Write Back*)	Acesso à Memória (*Memory Access*)	Execução (*Execute*)
T8				Gravação (*Write Back*)	Acesso à Memória (*Memory Access*)
T9					Gravação (*Write Back*)

Fonte: Próprio autor.

7) **Unidade de pré-busca e predição de ramificação** (*branch prediction unit*): a unidade de predição de ramificação é um componente avançado que melhora a *performance* de execução especulativa. Utiliza algoritmos para prever o caminho mais provável que o código seguirá, reduzindo o tempo de espera associado a decisões de ramificação (como *loops* e condições if). Um algoritmo de predição eficiente minimiza o impacto de *branch mispredictions* e melhora o *throughput* geral.

• **Tecnologias Avançadas em CPUs Modernas**

As CPUs modernas incluem várias tecnologias e extensões para otimização:

1) *Hyper-Threading*: uma tecnologia que permite que cada núcleo execute dois *threads* simultaneamente, utilizando recursos inativos para aumentar a eficiência.
2) *Turbo Boost*: ajusta dinamicamente a frequência de operação da CPU para otimizar o desempenho sob cargas elevadas.
3) **Virtualização por hardware:** extensões como Intel VT-x e AMD-V permitem que uma única CPU emule vários processadores para executar máquinas virtuais de forma eficiente.

Essas características tornam a CPU um dos componentes mais complexos e críticos de um sistema, com um impacto direto na capacidade de processamento e no desempenho global do sistema computacional.

5.2.2. Memória Principal (RAM)

A memória de acesso aleatório, conhecida como RAM (*Random Access Memory*), é um dos principais componentes de um sistema computacional e atua como a memória de trabalho do processador. Sua principal função é armazenar dados temporários e instruções durante a execução de programas e tarefas. A RAM é um tipo de memória volátil, o que significa que todos os dados são perdidos quando a energia é desligada, tornando-a adequada apenas para armazenamento temporário. A escolha e a configuração da RAM impactam diretamente a velocidade e a capacidade multitarefa de um sistema.

- **Tipos de RAM e suas Arquiteturas**

Os dois tipos predominantes de RAM são a **SRAM** (*Static RAM*) e a **DRAM** (*Dynamic RAM*), cada uma com características específicas de armazenamento, velocidade e uso de energia. A maioria dos sistemas modernos utiliza variantes da DRAM devido ao seu custo-benefício e maior capacidade por unidade física.

1. SRAM

A SRAM é uma memória de alta velocidade construída a partir de transistores para formar células de memória que mantêm seu estado enquanto houver energia. Sua construção mais complexa e cara a torna adequada para aplicações em caches de CPU, onde o desempenho é mais importante do que a densidade de armazenamento.

- **Arquitetura e funcionamento:** cada célula de memória na SRAM é composta por seis transistores que formam um flip-flop estável. Isso elimina a necessidade de atualizações periódicas, característica típica da DRAM. A ausência de recargas periódicas faz com que a SRAM seja extremamente rápida, com tempos de acesso na ordem de nanossegundos (ns).
- **Aplicações:** utilizada principalmente como cache L1, L2 e L3 nos processadores, devido à baixa latência e à alta taxa de transferência. A SRAM é crítica para armazenar dados que o processador precisa acessar rapidamente, reduzindo o gargalo de acesso à memória principal.

2. DRAM

A DRAM, diferentemente da SRAM, utiliza um capacitor para armazenar cada bit de dados, o que a torna mais densa em termos de armazenamento. No entanto, esses capacitores perdem carga ao longo do tempo, exigindo recargas periódicas (ciclos de *refresh*) para manter os dados armazenados. Isso resulta em maior latência e consumo de energia comparado à SRAM, mas permite maior capacidade de armazenamento a custos menores.

- **Arquitetura e funcionamento:** uma célula de DRAM consiste em um transistor e um capacitor. A presença de apenas um transistor por célula permite maior densidade de dados, mas a necessidade de recarga periódica (tipicamente a cada 64ms) introduz atrasos que afetam o desempenho. A recarga ocorre por meio de circuitos de controle dedicados no controlador de memória.

- **Variantes de DRAM:** DRAMs modernas utilizam arquiteturas DDR (*Double Data Rate*) para melhorar o desempenho e a largura de banda:
  - **DDR (*Double Data Rate*):** opera transferindo dados em ambas as bordas do ciclo de *clock* (ascendente e descendente), dobrando a taxa de transferência de dados em comparação com a SDRAM.
  - **DDR2 e DDR3:** introduzem melhorias como maior frequência de operação e menor consumo de energia, além de técnicas como *prefetching* de 4 a 8 bits.
  - **DDR4:** proporciona maior densidade e melhor eficiência energética, com frequências típicas acima de 2400MHz e suporte para correção de erros.
  - **DDR5:** a mais recente evolução da arquitetura DDR, suportando maior densidade por módulo e largura de banda aumentada, além de controladores de energia integrados no próprio módulo para otimização de desempenho.

- Conceitos de Largura de Banda e Latência

A eficiência da RAM é medida em termos de largura de banda e latência. A largura de banda é definida como a quantidade de dados que a memória pode transferir para o controlador em um determinado período, enquanto a latência é o tempo necessário para acessar uma célula específica de memória.

1. Largura de Banda

A largura de banda é calculada pela fórmula:

Largura de Banda = *Clock* × Prefetch × 2 × Número de canais
onde:

- *Clock*: frequência de operação da RAM.
- *Prefetch*: número de bits transferidos por ciclo.
- *2*: multiplicador devido ao DDR.
- *Número de canais*: quantidade de canais independentes (ex.: Single, Dual, Quad Channel).

Por exemplo, um módulo DDR4 de 3200MHz em configuração Dual Channel (2 canais) teria uma largura de banda máxima de:

Largura de Banda = 3200 × 8 × 2 × 2 = 102.400 MB/s

2. **Latência (CAS Latency – CL):**

É o número de ciclos de *clock* que ocorrem entre o momento em que um comando é dado ao módulo de RAM e o momento em que os dados começam a ser transferidos.

Explicação da Fórmula de Latência da RAM

A fórmula para calcular a latência real (em nanossegundos) de um módulo de memória RAM é:

Latência (ns) = (CL / Frequência de Operação) × 1000
Onde:

- **Latência (ns)**

    A latência real, em nanossegundos (ns), é o tempo que a memória leva entre receber um comando e começar a transferir os dados. Ela é medida em tempo absoluto e influencia diretamente o desempenho da memória em termos de resposta para acesso aos dados.

- **CL (*CAS Latency*)**

    CAS Latency é a abreviação de Column Address Strobe Latency. Esse valor indica o número de ciclos de clock entre o momento em que a CPU solicita um dado da memória e o instante em que a primeira informação começa a ser enviada. É um parâmetro específico para cada módulo de RAM e representa a quantidade de ciclos que a RAM "espera" antes de executar a leitura ou gravação.

    Exemplo: No caso de uma memória DDR4-3200 com latência CL16, o valor de "CL" é 16.

- **Frequência de Operação**

    Representa a frequência efetiva da memória RAM em MHz (megahertz), que indica a velocidade de operação do módulo. Para memórias DDR, a frequência efetiva é o dobro da frequência base. Por exemplo, uma memória DDR4-3200 opera a uma frequência de 3200MHz, que corresponde à taxa de transferência efetiva, considerando a técnica de DDR.

- **Multiplicador 1000**

    Como a latência é calculada em segundos (s), a multiplicação por 1000 é necessária para converter o valor resultante para nanossegundos (1 segundo = 1.000.000.000ns). Isso é feito para tornar a unidade mais prática de usar e comparar, visto que tempos de latência de memória estão na casa dos nanossegundos.

Por exemplo, uma RAM DDR4-3200 com latência CL16 teria:

Latência (ns) = (16/3200) × 1000 = 5ns

- **Organização de Memória e Tecnologias Avançadas**

1. **Dual Channel e Quad Channel**

   A organização em múltiplos canais (ex.: Dual Channel, Quad Channel) permite que a RAM se comunique simultaneamente com o controlador de memória por meio de múltiplos caminhos, dobrando ou quadruplicando a largura de banda disponível. Isso é particularmente vantajoso para tarefas de alta carga de memória, como edição de vídeo e simulações complexas.

2. **ECC (*Error-Correcting Code*)**

   A RAM com ECC possui circuitos adicionais que detectam e corrigem erros de um único bit, prevenindo falhas que poderiam levar à corrupção de dados. Este tipo de memória é amplamente utilizado em servidores e sistemas críticos, onde a integridade dos dados é primordial.

3. **Tecnologia Intel Optane e HBM (High Band-width Memory)**

   – **Intel Optane:** utiliza memória de estado sólido baseada em 3D XPoint para atuar como uma camada intermediária entre a DRAM e o armazenamento persistente. Isso permite maior velocidade de acesso a dados menos utilizados, com latências menores do que as de um SSD.

   – **HBM:** um tipo de memória RAM empilhada, projetada para fornecer alta largura de banda e eficiência energética. Utiliza uma arquitetura 3D para empilhar múltiplas camadas de memória, reduzindo a distância física entre células e aumentando a taxa de transferência.

- **Interfaces de Comunicação de Memória**

As interfaces utilizadas para comunicação da RAM com outros componentes influenciam diretamente no desempenho do sistema. Exemplos incluem:

1) **DDR:** transferência de dados em ambas as bordas do *clock*, conforme já explicado.
2) **GDDR:** otimizada para alto *throughput* e utilizada principalmente em GPUs.
3) **LPDDR (*Low Power DDR*):** projetada para dispositivos móveis com foco em baixo consumo energético.

- **Considerações de Desempenho e Eficiência Energética**

Em ambientes de alto desempenho, como servidores de banco de dados ou processamento de gráficos, a escolha de memória RAM com maior largura de banda e baixa latência é essencial para reduzir gargalos. No entanto, em dispositivos móveis e *notebooks*, o consumo de energia e a eficiência térmica são parâmetros primordiais. Memórias LPDDR e técnicas de *deep power-down* (modo de baixo consumo) são utilizadas para maximizar a autonomia e reduzir a dissipação de calor.

Essas características fazem da RAM um componente central na arquitetura de qualquer sistema, sendo fundamental para o equilíbrio entre desempenho e capacidade de execução de tarefas em tempo real.

5.2.3. Dispositivos de Armazenamento

Os dispositivos de armazenamento são componentes essenciais para um sistema computacional, responsáveis por guardar dados de forma persistente, mesmo na ausência de energia. Eles são classificados com base na tecnologia utilizada e no meio de armazenamento, cada um com vantagens e desvantagens em termos de custo, capacidade, velocidade e durabilidade. Os dispositivos de armazenamento podem ser categorizados em duas classes principais: HDD e SSD).

- **Tipos de Dispositivos de Armazenamento**
1) HDD

Os discos rígidos tradicionais, conhecidos como HDD, são baseados em tecnologia magnética e utilizam pratos rotativos (discos) cobertos com uma camada magnética para armazenar informações. A leitura e a gravação de dados são feitas por um cabeçote magnético que se move para diferentes trilhas no disco, ajustando-se para acessar as áreas de armazenamento.

- **Arquitetura de um HDD:** um HDD é composto por múltiplos componentes, incluindo:
    - **Pratos magnéticos (*platters*):** discos finos, geralmente de alumínio ou vidro, com superfície revestida por material magnético que armazena os bits como polaridades (positiva e negativa).
    - **Cabeçote de leitura/gravação:** um braço com uma ponta magnética que ajusta sua posição sobre o prato. O cabeçote não toca a superfície do prato, mas flutua a poucos nanômetros dela.
    - **Motor de *spindle*:** controla a rotação dos pratos em alta velocidade, com rotações típicas de 5.400RPM, 7.200RPM, e até 15.000RPM para modelos de alto desempenho.
    - **Controlador de disco:** um microprocessador embutido no HDD que gerencia as operações de leitura, gravação e movimentação do cabeçote.
- **Características de desempenho:** a velocidade de um HDD depende de três fatores principais:
    - **Tempo de busca (*seek time*):** tempo que o cabeçote leva para se mover para a trilha correta.
    - **Latência rotacional:** tempo de espera para que o setor desejado no prato gire para ficar alinhado com o cabeçote de leitura/gravação.

- **Taxa de transferência de dados:** velocidade com que os dados são lidos ou gravados, geralmente variando de 80 a 160MB/s para discos de consumidor, dependendo da densidade e da velocidade de rotação.
  - **Aplicações e desvantagens:** HDDs são utilizados onde a capacidade de armazenamento e o custo por GB são prioridades, como em servidores de arquivamento, *data centers* e uso pessoal para grandes coleções de mídia. No entanto, apresentam maior latência e menor resistência a choques físicos, devido às suas partes móveis.

2) SSD

Os SSD são dispositivos baseados em tecnologia de memória *flash*, que não possui partes móveis e armazena dados utilizando células eletrônicas para representar 0s e 1s. O uso de memória *flash* resulta em acesso muito mais rápido aos dados e maior resistência mecânica, além de consumo de energia reduzido.

- **Arquitetura de um SSD:** um SSD é composto por três componentes principais:
  - **Controlador:** é o "cérebro" do SSD, responsável por gerenciar a interface com o sistema, as operações de leitura/gravação e os algoritmos de gerenciamento de desgaste (*wear leveling*) e coleta de lixo (*garbage collection*).
  - **Memória NAND Flash:** memória semicondutora que armazena os dados. A memória NAND é organizada em blocos e páginas, com cada bloco contendo centenas a milhares de páginas de dados.
  - **DRAM Cache:** cache de alta velocidade que atua como um *buffer* temporário para as operações de leitura/gravação, melhorando o desempenho em acessos aleatórios.

- **Tipos de memória NAND:** os SSD utilizam diferentes tipos de células NAND para armazenar dados, que variam em termos de durabilidade, densidade e desempenho:
    - **SLC (*Single-Level Cell*):** armazena 1 bit por célula. É a mais rápida e durável, mas tem menor capacidade por área de silício.
    - **MLC (*Multi-Level Cell*):** armazena 2 bits por célula. Oferece maior capacidade a um custo reduzido, mas com latência ligeiramente maior.
    - **TLC (*Triple-Level Cell*):** armazena 3 bits por célula. Muito utilizada em SSDs comerciais por seu equilíbrio entre capacidade e custo, mas possui menor durabilidade e maior latência.
    - **QLC (*Quad-Level Cell*):** armazena 4 bits por célula. Maximiza a capacidade, mas possui o menor desempenho e durabilidade entre os tipos de NAND.
- **Interfaces de comunicação:** a interface usada para conectar um SSD ao sistema influencia diretamente na sua latência e taxa de transferência de dados:
    - **SATA (*Serial ATA*):** interface mais comum em SSDs de entrada. Oferece até 600MB/s de taxa de transferência teórica no padrão SATA III.
    - **NVMe (*Non-Volatile Memory Express*):** protocolo desenvolvido especificamente para SSDs, que utiliza o barramento PCIe para comunicação direta com a CPU. NVMe oferece latência reduzida e taxas de transferência muito superiores, atingindo até 7.000MB/s em configurações PCIe Gen4.
- **Gerenciamento Avançado de Dados**
    - *Wear leveling*: algoritmo que distribui uniformemente as gravações em todas as células de memória, evitando o desgaste prematuro.

- **TRIM:** comando que permite ao sistema operacional informar ao SSD quais blocos de dados não são mais usados, otimizando o uso do espaço disponível e a *performance*.
- **Over-Provisioning:** espaço reservado no SSD além da capacidade declarada, utilizado para operações internas, manutenção e otimização da vida útil das células NAND.

Quadro 5.2: Comparação entre HDD e SSD

Característica	HDD	SSD
Tecnologia de Armazenamento	Pratos magnéticos e cabeçotes de leitura/gravação	Memória NAND Flash
Velocidade de Acesso	Alta latência (4-12 ms)	Baixa latência (< 1 ms)
Taxa de Transferência	80-160 MB/s	500-7.000 MB/s (SATA a NVMe)
Durabilidade	Sensível a choques e vibrações	Alta resistência a choques
Consumo de Energia	Maior consumo (5-10W)	Menor consumo (2-5W)
Capacidade	Maior capacidade (até 20 TB+)	Capacidade limitada em comparação (até 4 TB+)
Custo por GB	Mais baixo ($/GB)	Mais alto ($/GB)

Fonte: Próprio autor.

- **Evolução e Futuro dos Dispositivos de Armazenamento**

Com a evolução contínua da tecnologia, novos tipos de dispositivos de armazenamento estão sendo desenvolvidos

para superar as limitações atuais de capacidade, latência e durabilidade. Algumas das inovações incluem:
- **3D NAND:** organização de células NAND em camadas verticais, aumentando a densidade de armazenamento sem comprometer a durabilidade.
- **Memória persistente (PMEM):** uma combinação de características de RAM e armazenamento persistente, permitindo acesso mais rápido a dados persistentes.
- **Memristores e memória ReRAM:** dispositivos de armazenamento baseados em materiais que mudam sua resistência elétrica para armazenar informações, com potencial para substituir as tecnologias atuais de *flash*.

Essas novas abordagens visam proporcionar um desempenho significativamente superior, maior capacidade e menor consumo de energia, com impactos diretos na eficiência e na arquitetura de sistemas computacionais.

5.2.4. Dispositivos de Entrada e Saída (E/S)

Os dispositivos de entrada e saída (E/S) desempenham um papel essencial em um sistema computacional, permitindo a comunicação entre a CPU, a memória e o ambiente externo. Eles são responsáveis tanto por fornecer dados ao sistema (entrada) quanto por apresentar os resultados das operações executadas (saída). A eficiência desses dispositivos é determinada pela velocidade de transferência de dados, o tipo de conexão e a latência, que variam amplamente conforme a tecnologia e o protocolo utilizados. Além disso, a complexidade e a arquitetura dos dispositivos de E/S impactam o desempenho geral do sistema, influenciando desde a resposta em tempo real de periféricos até a renderização gráfica de alta resolução.

- **Classificação dos Dispositivos de E/S**

Os dispositivos de E/S podem ser classificados em três categorias principais:

1) **Dispositivos de Entrada**

   São aqueles que enviam dados para o sistema computacional, permitindo a interação com o usuário e a captura de informações externas. Exemplos incluem:
   - **Teclados e *mouses*:** utilizam sinais digitais enviados via interfaces PS/2, USB ou Bluetooth para fornecer comandos e coordenadas ao sistema.
   - ***Scanners* e câmeras digitais:** transformam informações visuais em sinais digitais que podem ser processados pela CPU. Dependem de interfaces como USB e FireWire para transmissão de imagens de alta resolução.
   - **Dispositivos de Interface Humana (HID):** categoria que engloba teclados, *mouses* e *joysticks*, padronizados pelo protocolo HID (*Human Interface Device*), que especifica a maneira como esses dispositivos comunicam eventos e entradas.

2) **Dispositivos de Saída**

   Dispositivos de saída são responsáveis por exibir ou transmitir as informações processadas pelo sistema para o usuário. Exemplos incluem:
- **Monitores:** dispositivos que apresentam informações visuais usando diferentes tecnologias de exibição (LCD, LED, OLED). A qualidade e o desempenho do monitor dependem de fatores como taxa de atualização (*refresh rate*), resolução e latência de entrada.
- **Impressoras:** convertem dados digitais em documentos físicos. Tipos comuns incluem impressoras a jato de tinta, a *laser* e 3D. A comunicação com o sistema pode ser realizada via USB, Wi-Fi ou Ethernet.

- **Placas de som e alto-falantes:** convertam sinais digitais em analógicos para reprodução sonora. Utilizam interfaces como HD Áudio ou interfaces digitais como S/PDIF e HDMI.

3) Dispositivos de Entrada/Saída Combinada

Alguns dispositivos podem desempenhar ambas as funções, tanto de entrada quanto de saída, permitindo a comunicação bidirecional. Exemplos incluem:

- *Modems* **e adaptadores de rede:** permitem a comunicação entre computadores e redes locais ou remotas, enviando e recebendo pacotes de dados.
- **Discos rígidos externos e *pen drives*:** atuam como armazenamento secundário removível e permitem tanto a leitura quanto a gravação de dados.
- **Controladores de jogos (*gamepads*):** podem incluir *feedback* háptico (vibração) para interação tátil além de captarem entradas de botões e direcionais.

- **Arquiteturas e Protocolos de Comunicação E/S**

Os dispositivos de E/S se conectam ao sistema por meio de interfaces que variam em termos de largura de banda, latência e eficiência. As arquiteturas e os protocolos mais comuns são:

1) Arquiteturas de Barramento
– USB

O padrão USB é uma interface amplamente utilizada para conectar dispositivos de entrada e saída, oferecendo suporte para alimentação de energia e transferência de dados em alta velocidade. Versões mais recentes, como USB 3.0, 3.1 e 3.2, proporcionam taxas de transferência de até 5Gbps, 10Gbps e 20Gbps, respectivamente. O novo padrão USB4 pode alcançar 40Gbps e é compatível com Thunderbolt.

- **PCIe**

  Utilizado para dispositivos internos de alto desempenho, como placas de vídeo e adaptadores de rede. O PCIe utiliza um *design* de barramento serial, com pistas que podem ser agrupadas para fornecer maior largura de banda (p. ex., PCIe x4, x8, x16). PCIe 4.0 atinge taxas de até 64GB/s, enquanto o PCIe 5.0 dobra essa capacidade.

- **Thunderbolt**

  Desenvolvido pela Intel e pela Apple, o Thunderbolt combina PCIe e DisplayPort em uma única interface. Thunderbolt 3 e 4 oferecem até 40Gbps, sendo ideais para conectividade de múltiplos dispositivos, como monitores 4K e unidades de armazenamento de alta velocidade.

- **FireWire (IEEE 1394)**

  Padrão mais antigo, utilizado principalmente em dispositivos de vídeo digital e áudio. Embora menos comum atualmente, ainda é relevante em algumas aplicações de captura de mídia devido à baixa latência.

2) Protocolo de Transferência de Dados

- **I^{2}C (*Inter-Integrated Circuit*) e SPI (*Serial Peripheral Interface*):** protocolos utilizados para comunicação de baixa velocidade entre microcontroladores e periféricos integrados, como sensores. I^{2}C utiliza um barramento de dois fios (SDA e SCL) para comunicação mestre-escravo, enquanto SPI usa um barramento de quatro fios (MISO, MOSI, SCK, SS) para comunicação síncrona.
- **SATA e SAS (*Serial Attached SCSI*):** interfaces de armazenamento que também podem ser classificadas como dispositivos de E/S. SATA é mais comum em dispositivos de armazenamento de consumidor, enquanto SAS é usado em ambientes corporativos devido à maior confiabilidade e à largura de banda.

- **Parâmetros de Desempenho em E/S**

  Os dispositivos de E/S são avaliados por meio de vários parâmetros técnicos que determinam seu impacto no desempenho do sistema:

1) **Largura de banda (*bandwidth*)**

   Refere-se à quantidade de dados que pode ser transferida por segundo, medida em bits por segundo (bps). É um fator crucial para dispositivos de alto desempenho, como monitores 4K e unidades de armazenamento de alta velocidade.

2) **Latência**

   O tempo total necessário para que uma solicitação de E/S seja processada e uma resposta seja enviada de volta ao dispositivo. A latência é composta pelo tempo de transmissão, pelo tempo de processamento e pelo tempo de espera. Baixas latências são essenciais para dispositivos de E/S em tempo real, como controladores de jogos e dispositivos de áudio.

3) **Taxa de transferência sustentada e *burst***

   A taxa de transferência sustentada é a velocidade média de transferência de dados, enquanto a taxa de transferência *burst* refere-se à velocidade máxima alcançada por curtos períodos. Isso é especialmente importante para discos rígidos e SSD, que podem ter picos de velocidade que não se mantêm por longos períodos.

- **Controle e Sincronização de Dispositivos de E/S**

  Os dispositivos de E/S se comunicam com a CPU e outros componentes por meio de técnicas de controle que garantem a transferência eficiente de dados:

1) **DMA (*Direct Memory Access*)**

   Permite que os dispositivos de E/S leiam e gravem diretamente na memória principal, sem a intervenção contínua da CPU, liberando-a para outras tarefas. O DMA melhora significativamente o desempenho de dispositivos de armazenamento e interfaces de rede de alta velocidade.

2) Interrupções e *polling*

As interrupções são sinais enviados pelos dispositivos para a CPU, indicando que uma tarefa foi concluída. Já o *polling* é a técnica em que a CPU verifica continuamente o estado dos dispositivos, consumindo mais recursos do processador, mas permitindo controle mais direto.

- **Considerações de Desempenho para Sistemas E/S**

A escolha de dispositivos de E/S bem como o protocolo e a interface utilizados influenciam diretamente a responsividade e o desempenho de todo o sistema. Em sistemas de alto desempenho, como servidores de armazenamento e *workstations* gráficas, interfaces de alta velocidade e técnicas de comunicação como DMA são essenciais para evitar gargalos de E/S e maximizar a eficiência.

5.2.5. Placa-Mãe

A placa-mãe é o principal componente de interconexão de um sistema computacional, funcionando como uma plataforma de integração para todos os dispositivos e periféricos. Ela conecta física e eletronicamente os principais elementos do sistema, como a CPU, a memória, os dispositivos de armazenamento e as placas de expansão, além de fornecer energia e infraestrutura de comunicação entre eles. Uma boa escolha de placa-mãe é crucial para a estabilidade, o desempenho e as possibilidades de expansão de um sistema, pois define as características e as capacidades do hardware que ela suporta.

- **Arquitetura de uma Placa-Mãe**

A arquitetura da placa-mãe é projetada para otimizar a

comunicação entre os componentes internos e os externos, com diversos subsistemas interconectados. Cada parte desempenha um papel específico, sendo as principais:

1) *Chipset*

O *chipset* é um dos elementos centrais da placa-mãe, responsável por gerenciar a comunicação entre a CPU, a memória, os dispositivos de armazenamento e os periféricos. Ele é subdividido em dois componentes principais:

- **PCH (*Platform Controller Hub*):** também conhecido como *chipset sul*, o PCH gerencia as funções de entrada/saída e controla dispositivos periféricos como USB, SATA, PCIe, rede e som. A conexão entre a CPU e o PCH é feita por um barramento dedicado, chamado **DMI (Direct Media Interface)**, que atua como uma ponte de comunicação de alta velocidade.
- **Controlador de Memória Integrado (IMC):** nas arquiteturas modernas, o controlador de memória está integrado diretamente na CPU, o que reduz a latência de comunicação com a RAM. Anteriormente, o IMC fazia parte do *chipset norte*, que gerenciava a memória e o PCIe, mas com a integração na CPU, a latência e a largura de banda para acessos à memória foram otimizadas.

2) **Soquete da CPU (*CPU Socket*)**

O soquete é o conector físico onde a CPU é instalada na placa-mãe. Ele determina o tipo de processador que a placa suporta e o *layout* dos pinos, sendo específico para cada geração de processadores. Por exemplo:

- **LGA (*Land Grid Array*):** utilizado em processadores Intel, onde os pinos estão na placa-mãe, e os contatos planos, na CPU.

- **PGA (*Pin Grid Array*):** comum em processadores AMD, onde os pinos estão localizados no próprio processador.
- **BGA (*Ball Grid Array*):** o processador é soldado diretamente à placa-mãe, usado em dispositivos embarcados e *laptops* ultracompactos, não permitindo substituição.

3) *Slots* de Memória (DIMM – *Dual In-line Memory Module*)

Os slots DIMM são conectores que permitem a instalação de módulos de memória RAM. As placas-mãe modernas suportam diferentes tipos de memória, como DDR3, DDR4 e DDR5, e podem operar em configurações de canal único, duplo (*dual channel*), triplo (*triple channel*) ou até quádruplo (*quad channel*) para aumentar a largura de banda de comunicação com a CPU. Cada configuração de canal depende do *layout* dos *slots* DIMM e da topologia de interconexão.

4) *Slots* de Expansão (PCIe)

Os *slots* de expansão permitem a conexão de placas adicionais, como GPUs (placas de vídeo), placas de som, adaptadores de rede e SSDs de alta velocidade. A interface PCIe é baseada em uma arquitetura serial ponto a ponto, onde cada "pista" (*lane*) consiste em um par de linhas de transmissão e recepção.

- **PCIe Lanes:** cada pista PCIe permite a comunicação bidirecional simultânea. A quantidade de pistas disponíveis (x1, x4, x8, x16) define a largura de banda do *slot*. Por exemplo, um *slot* PCIe 3.0 x16 tem uma largura de banda de até 16 GB/s, enquanto um PCIe 4.0 x16 pode chegar a 32 GB/s.
- **Compatibilidade com NVMe:** as placas-mãe modernas podem incluir *slots* M.2 conectados ao PCIe, permitindo a instalação de SSDs NVMe de alta velocidade, que

utilizam até quatro pistas para taxas de transferência superiores a 7.000MB/s.

5) **Barramentos Internos e Interfaces de Conexão**

A placa-mãe possui vários barramentos internos que conectam dispositivos e periféricos. Os principais são:
- **SATA:** interface de armazenamento usada para conectar discos rígidos, SSDs e unidades ópticas. O padrão SATA III suporta até 6Gbps, embora a latência de comunicação seja maior do que a do PCIe.
- **USB:** interface universal para conectar dispositivos externos. Placas-mãe modernas suportam versões USB 3.0, 3.1 e 3.2, com taxas de transferência de até 20Gbps.
- **Thunderbolt:** interface de alta velocidade que combina PCIe e DisplayPort. Thunderbolt 3 e 4 oferecem até 40 Gbps e são compatíveis com conexões USB-C.

6) **BIOS/UEFI**

O BIOS (*Basic Input/Output System*) ou UEFI (*Unified Extensible Firmware Interface*) é o *firmware* básico de inicialização da placa-mãe. Ele fornece uma interface entre o hardware e o software do sistema, inicializa os componentes durante o *boot* e gerencia configurações de hardware, como frequências de *clock* e controle de energia. O UEFI, mais avançado do que o BIOS tradicional, permite interfaces gráficas e suporte para discos rígidos maiores do que 2TB.

7) **Conectores de Energia (*ATX Power Connectors*)**

A placa-mãe inclui conectores de energia para fornecer as tensões adequadas a cada componente. Os principais conectores são:
- **Conector ATX de 24 pinos:** alimenta a placa-mãe e os componentes periféricos.

- **Conector de 4/8 pinos para CPU:** fornece energia adicional à CPU, especialmente em configurações de *overclocking*.
- **Conectores PCIe de 6/8 pinos:** usados para fornecer energia a placas gráficas de alto desempenho.

8) Caminho de dados e *layout* de PCB (*Printed Circuit Board*)

A placa-mãe é composta por múltiplas camadas de PCB, que contêm trilhas elétricas para a transferência de sinais entre componentes. Um *layout* otimizado de PCB minimiza interferências eletromagnéticas (EMI) e resistência, melhorando a integridade do sinal e a estabilidade elétrica. As placas-mãe de alto desempenho utilizam camadas adicionais de cobre e *layouts* específicos para fornecer melhor controle de energia e comunicação de alta velocidade.

- **Fatores de Forma (*Form Factors*)**

As placas-mãe são fabricadas em diferentes tamanhos, conhecidos como fatores de forma, que determinam as dimensões físicas e o *layout* dos conectores. Os fatores de forma mais comuns incluem:

1) **ATX (*Advanced Technology eXtended*):** padrão para *desktops*. Possui mais *slots* de expansão e espaço para componentes.
2) **Micro-ATX:** menor do que a ATX, com menos *slots* de expansão, mas mantém a maioria das funcionalidades.
3) **Mini-ITX:** *design* compacto, ideal para sistemas pequenos e HTPCs (*Home Theater PCs*).
4) **E-ATX (*Extended ATX*):** maior do que a ATX, utilizado em *workstations* e servidores, permitindo suporte a mais *slots* PCIe e conectores de energia.

- **Considerações de Desempenho e Capacidade de Expansão**

    A placa-mãe define a capacidade de expansão e as possibilidades de *upgrade* de um sistema. Os usuários devem considerar a quantidade e o tipo de *slots* PCIe, a configuração de canais de memória (*dual, quad*), a compatibilidade com novas gerações de CPUs e o suporte a tecnologias avançadas como *overclocking*, RAID (*Redundant Array of Independent Disks*) e suporte a redes de alta velocidade (Ethernet de 10Gb ou Wi-Fi 6).

    Esses fatores determinam a longevidade e a flexibilidade de um sistema, tornando a escolha da placa-mãe um componente crítico no planejamento e na construção de um PC de alto desempenho.

5.2.6. Fonte de Alimentação (PSU)

A fonte de alimentação (*Power Supply Unit* – PSU) é um componente essencial do sistema computacional, responsável por fornecer energia elétrica de forma estável e eficiente para todos os componentes internos. A PSU converte a energia elétrica de corrente alternada (CA), proveniente da rede elétrica, em corrente contínua (CC) com várias tensões e correntes específicas para cada componente, como CPU, GPU, RAM, discos rígidos e periféricos. A qualidade, a estabilidade e a eficiência de uma PSU são fundamentais para o desempenho e a longevidade de um sistema, prevenindo problemas como superaquecimento, quedas de energia e falhas de hardware.

- **Arquitetura de uma Fonte de Alimentação**

    Uma fonte de alimentação típica é composta por vários estágios de conversão de energia e módulos de regulação para garantir que as tensões de saída atendam às especificações exigidas pelos componentes. Os principais módulos e subsistemas internos são:

1) **Retificador de Entrada e Filtro de Ruído**

    Este estágio converte a corrente alternada (AC) de entrada em corrente contínua (DC) bruta. É composto por um retificador de ponte de diodos e capacitores de filtragem que suavizam as oscilações de tensão e eliminam ruídos de alta frequência. Isso garante que a energia fornecida à etapa seguinte seja mais estável e uniforme.

    – **Filtro EMI (*Electromagnetic Interference*):** remove interferências eletromagnéticas da rede elétrica, evitando que o ruído entre no sistema e cause instabilidade. O filtro é composto por indutores e capacitores configurados para bloquear frequências indesejadas.

2) **Conversor PFC (*Power Factor Correction*)**

    O PFC é um circuito responsável por corrigir o fator de potência, que é a relação entre a potência real utilizada pelo sistema e a potência aparente fornecida pela rede elétrica. Um fator de potência próximo a 1 significa que a energia está sendo utilizada de maneira eficiente. As PSUs modernas utilizam:

    – **PFC passivo:** baseado em componentes passivos como indutores e capacitores. Menos eficiente, geralmente aplicado em fontes de menor potência.

    – **PFC ativo:** utiliza circuitos eletrônicos de controle para ajustar dinamicamente o consumo de energia, proporcionando um fator de potência superior a 0,9. É padrão em fontes de alta eficiência.

3) **Conversor Principal (Chaveamento)**

    A energia convertida em DC bruta é novamente modulada e convertida em alta frequência usando transistores de chaveamento (MOSFETs), para reduzir a perda de energia e permitir o uso de transformadores menores e mais eficientes. Este processo, chamado de **Conversão de Chaveamento** (*Switching Conversion*), ocorre em frequência de dezenas a centenas de kHz e é gerenciado por um circuito PWM (*Pulse Width Modulation*), que ajusta a largura do pulso para regular a tensão de saída.

- **Conversor *flyback* ou *forward*:** determina o tipo de topologia de conversão. *Flyback* é usado em PSUs de baixo custo, enquanto *forward* é mais eficiente e encontrado em fontes de alta qualidade.

4) **Transformador de Alta Frequência**

   O transformador converte a energia de alta frequência gerada pelo estágio de chaveamento para os valores de tensão desejados (ex.: 12V, 5V e 3.3V). A operação em alta frequência reduz as perdas por calor e melhora a eficiência da PSU.

5) **Retificador de Saída e Filtros de Regulagem**

   A energia de alta frequência é novamente retificada e filtrada para fornecer corrente contínua pura para os componentes do sistema. Neste estágio, diodos rápidos e capacitores de alta capacidade são utilizados para garantir baixa ondulação de tensão e resposta rápida a variações de carga. A regulagem de tensão é crítica para evitar flutuações que possam danificar componentes sensíveis, como a CPU e a GPU.

6) **Circuito de Proteção (OVP, UVP, SCP, OCP)**

   As PSUs de qualidade incluem vários mecanismos de proteção para garantir a segurança do sistema e prevenir danos. Entre eles:

   - **OVP (*Over Voltage Protection*):** desliga a PSU em caso de sobretensão nas saídas.

- **UVP** (*Under Voltage Protection*): desliga a PSU se a tensão de saída estiver abaixo do mínimo especificado.
- **SCP** (*Short Circuit Protection*): protege contra curto-circuito.
- **OCP** (*Over Current Protection*): limita a corrente fornecida para cada linha de tensão, evitando superaquecimento.

7) **Ventilação e Dissipação de Calor**

Para evitar superaquecimento, a maioria das PSUs utiliza sistemas de resfriamento ativos e dissipadores de calor. Ventiladores PWM com controle de velocidade ajustável mantêm a temperatura estável com base na carga de energia. Em fontes de alta potência, dissipadores de alumínio ou cobre são usados para aumentar a dissipação térmica.

- **Especificações Técnicas de uma PSU**

Ao escolher uma PSU, é essencial considerar não apenas sua capacidade nominal, mas também as características técnicas que determinam sua estabilidade e desempenho:

1) **Potência Total (*Total Power*)**

A potência total é medida em watts (W) e representa a quantidade de energia que a PSU pode fornecer continuamente para o sistema. Uma PSU deve ser dimensionada para fornecer energia suficiente a todos os componentes, incluindo picos de consumo gerados por *overclocking* ou cargas intensas. A recomendação é dimensionar a PSU para operar entre 50% e 80% de sua capacidade máxima, o que garante maior eficiência e vida útil.

2) **Linhas de Tensão (*Rails*)**

   A PSU possui diferentes linhas de tensão para alimentar componentes específicos:

   – **+12V:** fornece energia para CPU, GPU e outros componentes de alto consumo.
   – **+5V:** alimenta dispositivos periféricos e placas-mãe.
   – **+3.3V:** alimenta circuitos de lógica e dispositivos de baixa potência.

   Fontes modernas utilizam ***rails* únicos de +12V** em vez de múltiplos *rails* para proporcionar maior estabilidade sob cargas intensas, evitando quedas de tensão que poderiam causar instabilidade no sistema.

3) **Eficiência (*Efficiency*)**

   A eficiência de uma PSU é definida como a relação entre a potência de saída e a potência de entrada, expressa como uma porcentagem. Por exemplo, uma PSU com 90% de eficiência consome 10% a mais de energia para fornecer a mesma potência de saída. Fontes com baixa eficiência desperdiçam mais energia na forma de calor, exigindo resfriamento adicional e resultando em maior consumo.

   – **Certificação 80 PLUS:** PSUs com a certificação 80 PLUS atendem a padrões mínimos de eficiência em diferentes níveis de carga (20%, 50% e 100%). As classificações incluem:
     - **80 PLUS Standard:** ≥ 80% de eficiência.
     - **80 PLUS Bronze:** ≥ 82% de eficiência.
     - **80 PLUS Silver:** ≥ 85% de eficiência.
     - **80 PLUS Gold:** ≥ 87% de eficiência.
     - **80 PLUS Platinum:** ≥ 90% de eficiência.
     - **80 PLUS Titanium**: ≥ 94% de eficiência.

4) **Ripple e Ruído**

   Ripple é a variação de tensão residual após a retificação, que deve ser minimizada para evitar instabilidade. O ripple e o ruído são medidos em milivolts (mV) e indicam a qualidade da energia fornecida. PSUs de qualidade devem ter ripple abaixo de 50 mV nas linhas principais (+12V, +5V e +3.3V).

- **Fatores de Forma de PSUs**

  Os fatores de forma de uma PSU determinam seu tamanho físico e a compatibilidade com gabinetes e placas-mãe. Os padrões mais comuns são:
  1) **ATX:** o padrão mais usado em *desktops*, com dimensões de 150 × 86 × 140 mm.
  2) **SFX e SFX-L:** PSUs compactas para gabinetes de pequeno porte. SFX-L é uma versão ligeiramente mais longa.
  3) **TFX:** usado em sistemas ultracompactos.
  4) **Flex-ATX:** aplicado em sistemas industriais e servidores compactos.

- **Considerações de Desempenho e Seleção de uma PSU**

  A escolha de uma PSU deve levar em consideração fatores como estabilidade, eficiência, modularidade (cabo modular ou fixo), ruído do ventilador e suporte a múltiplos conectores PCIe para GPUs de alto desempenho. Uma PSU mal dimensionada ou de baixa qualidade pode reduzir a vida útil dos componentes e comprometer a estabilidade do sistema, sendo, portanto, uma escolha crítica para usuários avançados e entusiastas de hardware.

5.2.7. Sistema de Resfriamento

O sistema de resfriamento é um componente crítico para a manutenção do desempenho, da estabilidade e da longevidade de um sistema computacional. Todos os componentes de hardware, especialmente a CPU e a GPU, geram calor durante a operação, devido à resistência elétrica e ao consumo de energia. Sem um resfriamento adequado, o calor excessivo pode levar a degradação de desempenho, falhas de hardware, redução da vida útil e até desligamentos inesperados para proteção térmica. Existem diferentes abordagens de resfriamento, cada uma com características únicas para otimizar a dissipação térmica com base no *design* do sistema, no nível de desempenho e nas exigências de espaço.

• **Tipos de Sistemas de Resfriamento**

Os sistemas de resfriamento são classificados em duas categorias principais:

1) Resfriamento a Ar (*Air Cooling*)

O resfriamento a ar é a solução mais comum e amplamente utilizada em sistemas de computadores devido à sua simplicidade, ao custo-benefício e à facilidade de instalação. Ele utiliza dissipadores de calor (*heatsinks*) acoplados a ventiladores para transferir o calor gerado pelos componentes para o ambiente externo.

– **Arquitetura de Resfriamento a Ar**

Um sistema de resfriamento a ar é composto por vários elementos que trabalham juntos para otimizar a transferência de calor:

• **Dissipador de Calor (*Heatsink*):** consiste em um bloco de metal, geralmente feito de alumínio ou cobre, com aletas para aumentar a área de superfície. O dissipador é posicionado em contato direto com

o componente (p. ex., CPU ou GPU) por meio de uma camada de pasta térmica, que melhora a transferência de calor entre a superfície do componente e o dissipador. As aletas do dissipador maximizam a área exposta ao fluxo de ar, facilitando a troca térmica.
- **Técnica de *Heat Pipe*:** alguns dissipadores de calor utilizam ***heat pipes*** para melhorar a transferência de calor. Os *heat pipes* são tubos selados preenchidos com um fluido refrigerante (geralmente álcool ou água). Quando o calor é aplicado, o fluido evapora na extremidade quente e condensa na extremidade fria, transferindo calor de forma eficiente por meio de um ciclo contínuo de evaporação e condensação.
- **Ventiladores (*Fans*):** os ventiladores geram fluxo de ar para dissipar o calor das aletas do dissipador. Eles são classificados de acordo com o fluxo de ar (CFM – *Cubic Feet per Minute*), pressão estática e velocidade de rotação (RPM). Em sistemas avançados, são utilizados ventiladores PWM (*Pulse Width Modulation*), que permitem controle dinâmico da velocidade com base na temperatura do componente.

– **Técnicas de Resfriamento a Ar**
- **Push/Pull:** configuração onde um ventilador empurra o ar frio para dentro do dissipador, enquanto outro ventilador na extremidade oposta puxa o ar quente para fora, melhorando a eficiência da troca térmica.
- **Resfriamento direcional:** utiliza ventiladores extras para direcionar o fluxo de ar para áreas críticas, como VRMs (*Voltage Regulator Modules*) e memória RAM, que também podem gerar calor significativo sob cargas elevadas.

– **Vantagens e Desvantagens do Resfriamento a Ar**
- **Vantagens**

    a) Simplicidade de instalação e manutenção.
    b) Custo reduzido.
    c) Boa eficiência térmica para a maioria das aplicações.

- **Desvantagens**

    a) Limitações de resfriamento para componentes com alta dissipação térmica (ex.: *overclocking* extremo).
    b) Nível de ruído pode ser elevado, dependendo da configuração dos ventiladores.

2) Resfriamento a Líquido (*Watercooling*)

O resfriamento a líquido, ou *watercooling*, é uma solução mais avançada, projetada para dissipar quantidades maiores de calor de forma mais eficiente e com menos ruído. Ele utiliza um fluido refrigerante que absorve o calor do componente e o transfere para um radiador, onde o calor é dissipado por meio de um fluxo de ar forçado por ventiladores.

– **Arquitetura de Resfriamento a Líquido**

Um sistema de resfriamento a líquido é composto por várias partes interconectadas, cada uma com uma função específica para otimizar a transferência térmica:

- **Bloco de Água (*Water Block*):** é o ponto de contato entre o componente (ex.: CPU ou GPU) e o fluido refrigerante. O bloco de água é feito de metais altamente condutivos (como cobre ou níquel) e possui canais internos para maximizar a área de contato com o fluido. A pasta térmica é aplicada entre o bloco e o componente para garantir uma transferência eficiente de calor.

- **Bomba (*Pump*):** a bomba é responsável por circular o fluido refrigerante pelo sistema, movendo-o do bloco de água para o radiador. A pressão e a taxa de fluxo da bomba são cruciais para o desempenho geral do sistema. Bombas de alta capacidade são preferidas em *loops* complexos que incluem múltiplos componentes (p. ex., CPU e GPU).
- **Radiador (*Radiator*):** o radiador é responsável por dissipar o calor transferido do componente para o fluido refrigerante. Os radiadores são projetados com várias fileiras de aletas metálicas, aumentando a superfície de dissipação. Ventiladores são montados no radiador para forçar o ar pelas aletas, melhorando a troca térmica.

  O radiador vem em diferentes tamanhos (120mm, 240mm, 360mm etc.), e a escolha depende da quantidade de calor que precisa ser dissipada. Radiadores maiores fornecem maior capacidade de resfriamento, mas exigem mais espaço no gabinete.
- **Reservatório (*Reservoir*):** o reservatório armazena o fluido refrigerante e age como um ponto de purga de ar, permitindo que bolhas de ar sejam removidas do sistema. Em *loops* customizados, o reservatório facilita o preenchimento e a manutenção do sistema.
- **Tubo (*Tubing*):** os tubos interligam todos os componentes do sistema e direcionam o fluxo do fluido refrigerante. Os tubos podem ser de borracha, silicone ou acrílico rígido, cada um com suas vantagens e desvantagens em termos de flexibilidade e estética.

– **Tipos de Sistemas de Resfriamento a Líquido**
  - **Sistemas AIO (*All-In-One*):** são soluções integradas e seladas, que combinam bomba, bloco e radiador

em uma única unidade. Não requerem manutenção e são mais fáceis de instalar.
- *Loops* **customizados:** permitem personalização total, com escolha individual de cada componente (bomba, radiador, bloco etc.), proporcionando maior capacidade de resfriamento e estética superior. Requerem manutenção periódica, como troca de fluido e limpeza do sistema.

– **Vantagens e Desvantagens do Resfriamento a Líquido**

- **Vantagens**

   a) Maior capacidade de dissipação de calor, ideal para *overclocking* extremo.
   b) Nível de ruído reduzido em comparação com resfriamento a ar de alta *performance*.
   c) Flexibilidade estética e opções de personalização.

- **Desvantagens**

   a) Custo elevado e complexidade de instalação.
   b) Risco de vazamento se não for instalado corretamente.
   c) Requer manutenção periódica para manter a eficiência.

- **Outras Tecnologias de Resfriamento**

   Além dos métodos tradicionais de resfriamento a ar e a líquido, existem soluções avançadas utilizadas em ambientes de alto desempenho e *data centers*.

1) **Resfriamento por Submersão (*Immersion Cooling*)**

   Neste método, os componentes são submersos em um fluido dielétrico que não conduz eletricidade. O fluido absorve o calor diretamente dos componentes e pode ser resfriado por meio de trocadores de calor. É utilizado em *data centers* e sistemas de computação de alto desempenho para eficiência térmica máxima.

2) **Resfriamento Termoelétrico (*Peltier Cooling*)**

Utiliza módulos Peltier para criar uma diferença de temperatura significativa entre as faces do módulo, transferindo calor de forma ativa. É aplicado em situações em que o resfriamento subzero é necessário, como no *overclocking* extremo.

3) **Resfriamento por Nitrogênio Líquido (LN2)**

Um método extremo utilizado em *overclocking* competitivo. O nitrogênio líquido resfria a CPU a temperaturas abaixo de -196° C, permitindo frequências muito acima do padrão, mas é inviável para uso diário devido à complexidade e à volatilidade do material.

- **Considerações de Desempenho para Resfriamento de Hardware**

    A escolha do sistema de resfriamento depende das exigências de dissipação térmica, do espaço disponível no gabinete e das preferências de ruído e estética do usuário. Sistemas de resfriamento eficientes são essenciais para manter temperaturas operacionais seguras, prevenir *throttling* (redução automática de desempenho por superaquecimento) e permitir maior desempenho em cargas intensas ou sessões prolongadas de uso.

5.3. SISTEMAS DE ENTRADA E SAÍDA (E/S)

Os sistemas de Entrada e Saída (E/S) são responsáveis pela comunicação de dados entre a memória principal e dispositivos periféricos, como discos rígidos, SSDs, placas de rede e dispositivos externos (teclados, *mouses* e monitores). O desempenho desses sistemas é um fator crucial para a eficiência global do sistema computacional, pois afeta diretamente a velocidade de leitura e escrita de dados, a responsividade de periféricos e a comunicação entre componentes internos. A eficiência de um sistema E/S depende de fatores como a arquitetura de barramento, as técnicas de controle de fluxo e a latência de acesso.

5.3.1. Barramentos de Comunicação

Um barramento é um sistema de comunicação que interliga diferentes componentes de um computador, permitindo a transferência de dados e as instruções entre eles. Os barramentos são categorizados com base em seu propósito e arquitetura, variando de interfaces internas de alta velocidade, como PCIe, a interfaces externas, como USB e Thunderbolt. A escolha do barramento e a arquitetura de comunicação têm impacto direto no desempenho do sistema, influenciando a largura de banda, a latência e a taxa de transferência de dados.

- **Principais Tipos de Barramentos de Comunicação**

    1) **PCIe**

        O PCIe é um dos barramentos de comunicação mais importantes em sistemas modernos, utilizado principalmente para conectar dispositivos de alto desempenho, como GPUs, SSDs NVMe e placas de rede de alta velocidade. Sua arquitetura é baseada em uma conexão serial ponto a ponto, onde cada dispositivo se comunica diretamente com o controlador através de uma ou mais pistas dedicadas (*lanes*). O PCIe utiliza um *design* modular, com diferentes configurações de pistas que determinam a largura de banda disponível:

- **Arquitetura de pistas (*PCIe Lanes*):** cada pista é composta por duas linhas – uma de transmissão (TX) e outra de recepção (RX) – que permitem comunicação bidirecional simultânea. O número de pistas pode variar de x1, x4, x8 até x16, onde cada "x" representa a quantidade de pistas alocadas. Por exemplo:
  - **PCIe x1:** usado para dispositivos de baixa largura de banda, como placas de som.
  - **PCIe x4:** utilizado em SSDs NVMe, oferecendo uma largura de banda de até 4GB/s no padrão PCIe 3.0.
  - **PCIe x16:** comumente usado para GPUs, permitindo até 16GB/s no PCIe 3.0 e até 32GB/s no PCIe 4.0.
- **Padrões e gerações do PCIe:** cada nova geração do PCIe dobra a taxa de transferência por pista em comparação com a geração anterior:
  - **PCIe 1.0:** 250MB/s por pista.
  - **PCIe 2.0:** 500MB/s por pista.
  - **PCIe 3.0:** 1GB/s por pista.
  - **PCIe 4.0:** 2GB/s por pista.
  - **PCIe 5.0:** 4GB/s por pista.
  - **PCIe 6.0:** 8GB/s por pista, utilizando modulação PAM-4 (*Pulse Amplitude Modulation*) para alcançar taxas de transferência extremas.
- **Aplicações:** o PCIe é a principal interface para dispositivos de expansão internos que requerem alta largura de banda e baixa latência. Isso inclui placas de vídeo (GPUs), unidades de armazenamento NVMe, placas de rede 10/40/100Gbps e controladoras RAID.

2) **USB**

O USB é uma interface universal para comunicação externa, que conecta uma ampla gama de periféricos, desde dispositivos de entrada (teclados, *mouses*) até dispositivos de armazenamento e áudio. Sua versatilidade e sua capacidade de fornecer energia adicional a dispositivos externos tornam o USB uma escolha popular para interfaces *plug-and-play*.

– **Versões e velocidades:** as versões mais comuns de USB e suas respectivas taxas de transferência são:
  - **USB 2.0:** até 480Mbps.
  - **USB 3.0 e 3.1:** até 5Gbps e 10Gbps, respectivamente.
  - **USB 3.2:** introduz a comunicação multicanal, permitindo até 20Gbps em cabos USB-C.
  - **USB4:** capacidade de até 40Gbps, utilizando a mesma arquitetura-base do Thunderbolt 3.
– **Topologia de barramento:** o USB utiliza uma topologia de barramento em estrela, onde todos os dispositivos se conectam ao *host* (computador) por meio de *hubs* USB. Cada dispositivo é endereçado de maneira única, e o host gerencia o tráfego de dados entre todos os dispositivos conectados.
– **Aplicações:** o USB é utilizado em uma variedade de dispositivos periféricos, como impressoras, *scanners*, discos rígidos externos, teclados e controladores de jogos. Ele também é usado para alimentar pequenos dispositivos e recarregar baterias (ex.: *smartphones*).

3) **SATA**

É uma interface de comunicação projetada para conectar dispositivos de armazenamento, como HDDs, SSDs e unidades ópticas, ao sistema. Sua arquitetura de comunicação é baseada em um barramento serial ponto a ponto, que substituiu a antiga interface paralela ATA, oferecendo maior taxa de transferência e menor complexidade de cabeamento.

- **Padrões e Velocidades**
  - **SATA I:** 1,5Gbps (150MB/s).
  - **SATA II:** 3Gbps (300MB/s).
  - **SATA III:** 6Gbps (600MB/s).

4) **NVMe (*Non-Volatile Memory Express*)**

O NVMe é um protocolo de comunicação otimizado para dispositivos de armazenamento baseados em memória não volátil (ex.: SSDs). Ele substitui o padrão AHCI (*Advanced Host Controller Interface*), utilizado pelo SATA, oferecendo uma comunicação mais direta com a CPU por meio de PCIe. O NVMe reduz a latência e melhora a paralelização de comandos, suportando milhares de filas e comandos simultâneos.

- **Arquitetura NVMe:** a arquitetura NVMe permite que cada SSD se comunique diretamente com a CPU por meio de um barramento PCIe, evitando os gargalos do protocolo SATA. Isso resulta em latências de acesso na casa de microssegundos e taxas de transferência superiores a 7.000MB/s no PCIe 4.0.

5.3.2. Técnicas de Controle de Fluxo em Sistemas E/S

As técnicas de controle de fluxo determinam como os dados são gerenciados entre a memória principal e os dispositivos de E/S, afetando diretamente a eficiência da comunicação. As principais técnicas incluem:

1) DMA (***Direct Memory Access***): o DMA permite que dispositivos de E/S leiam e gravem diretamente na memória principal sem

a intervenção contínua da CPU. Isso reduz a carga de trabalho do processador e melhora o desempenho geral do sistema, especialmente em operações de transferência de grandes volumes de dados, como gravações em discos e operações de rede.
2) Interrupções: dispositivos de E/S enviam interrupções para a CPU quando uma tarefa é concluída, permitindo um controle eficiente sem a necessidade de *polling* contínuo (verificação repetida). As interrupções minimizam o uso de CPU, tornando o sistema mais responsivo.
3) *Polling*: a CPU verifica periodicamente o *status* dos dispositivos de E/S para determinar se uma operação foi concluída. Embora menos eficiente do que interrupções, o *polling* permite controle direto e é usado em dispositivos em que latências mínimas são críticas.

Essas técnicas, combinadas com arquiteturas de barramento otimizadas, garantem que os sistemas E/S possam lidar com cargas de trabalho intensivas e comunicação em alta velocidade entre os componentes do sistema e os dispositivos periféricos.

5.4. EXEMPLOS APLICÁVEIS

Os exemplos de aplicação dos conceitos de hardware variam amplamente conforme o tipo de sistema, os requisitos de desempenho e o propósito específico para o qual cada arquitetura de hardware é projetada. Cada tipo de sistema utiliza componentes especializados e configurações otimizadas para atender às demandas computacionais e operacionais de maneira eficiente. Abaixo estão alguns exemplos de sistemas e suas respectivas características de hardware:

1) **Servidores**

São projetados para operar ininterruptamente em ambientes de alto desempenho e alta disponibilidade, como *data centers* e infraestruturas corporativas. Eles são otimizados para gerenciar grandes volumes de dados e fornecer respostas rápidas a múltiplas solicitações simultâneas. Os principais componentes de um servidor são:

- **CPUs com múltiplos núcleos e *Hyper-Threading*:** utilizam processadores de alto desempenho, como a série Intel Xeon ou AMD EPYC, com muitos núcleos (até 64 ou mais por CPU) e suporte a *Hyper-Threading* ou SMT (*Simultaneous Multithreading*), permitindo a execução paralela de centenas de *threads*.
- **Memória RAM ECC:** a memória ECC é fundamental para a detecção e correção automática de erros de bit únicos, garantindo integridade e confiabilidade dos dados, características críticas para operações corporativas e científicas.
- **Sistemas de armazenamento RAID:** RAID é utilizado para aumentar a resiliência e o desempenho de armazenamento, combinando múltiplos discos para oferecer redundância e alta taxa de transferência de dados.
- **Placas de rede de alta velocidade:** com interfaces Ethernet de 10Gbps, 40Gbps ou superiores, servidores garantem comunicação rápida e eficiente com outros servidores e dispositivos da rede.

2) **Supercomputadores**

São sistemas de alto desempenho projetados para resolver problemas computacionais extremamente complexos e realizar cálculos massivos em áreas como modelagem climática, simulação de física de partículas, e inteligência artificial. Eles são compostos por milhares de CPUs e GPUs interligadas, formando *clusters* com capacidades de processamento que chegam a exaflops (10^{18} operações de ponto flutuante por segundo).

- **CPUs e GPUs de alta** *performance***:** utilizam processadores especializados (como a série IBM POWER ou Intel Xeon Phi) e GPUs como NVIDIA Tesla ou AMD Instinct, otimizadas para processamento paralelo em larga escala.
- **TPUs (***Tensor Processing Units***):** processadores dedicados para operações de *machine learning*, otimizados para cálculos de matriz e operações tensoriais. As TPUs são amplamente utilizadas em supercomputadores voltados para aprendizado profundo.
- **Interconexões de alta velocidade:** redes de interconexão como InfiniBand, que oferecem latências extremamente baixas (<1 μs) e larguras de banda de até 200Gbps por *link*, são essenciais para garantir a comunicação rápida entre nós de processamento.
- **Memória distribuída e compartilhada:** utiliza arquiteturas de memória distribuída, como NUMA (*Non-Uniform Memory Access*), para aumentar a capacidade de memória global e reduzir a latência de acesso entre processadores.

3) **Dispositivos Móveis**

Dispositivos móveis, como *smartphones* e *tablets*, exigem um equilíbrio entre desempenho, consumo de energia e gerenciamento térmico. Eles utilizam processadores baseados na arquitetura ARM, que são projetados para operações eficientes e de baixo consumo.

- **Arquitetura Big.LITTLE:** emprega um *design* heterogêneo que combina núcleos de alto desempenho (*big cores*) com núcleos de baixa potência (*little cores*), ajustando dinamicamente a carga de trabalho para maximizar a eficiência energética.

- **Memórias LPDDR (*Low Power DDR*):** utilizam memória de baixa potência para reduzir o consumo de energia e estender a vida útil da bateria.
- **GPUs integradas:** as GPUs nos dispositivos móveis são otimizadas para renderização 3D e processamento de vídeo, além de suportar algoritmos de IA para reconhecimento de imagens e processamento de linguagem natural.
- **Sistemas de gerenciamento de energia avançados:** incluem circuitos dedicados para controlar e otimizar o consumo de energia de cada componente, ajustando a frequência e a tensão de operação conforme a demanda.

4) **Sistemas Embarcados e IoT (Internet of Things)**

Os sistemas embarcados são projetados para executar funções específicas em dispositivos dedicados, como automóveis, eletrodomésticos inteligentes e sensores de IoT. Eles geralmente utilizam microcontroladores de baixo consumo e são otimizados para requisitos específicos de desempenho e consumo de energia.

- **Microcontroladores de baixo consumo:** baseados em arquiteturas como ARM Cortex-M ou RISC-V, são projetados para realizar operações simples com mínimo consumo de energia.
- **Conectividade de rede integrada:** utiliza interfaces de comunicação como Zigbee, Bluetooth, LoRa e Wi-Fi para se conectar com outros dispositivos e redes.
- **Gerenciamento térmico passivo:** devido ao consumo de energia extremamente baixo, a maioria dos dispositivos embarcados utiliza apenas resfriamento passivo, sem necessidade de ventiladores ou dissipadores de calor.

5) ***Workstations* e Sistemas de Computação Gráfica**

Workstations são projetadas para tarefas de alta demanda computacional, como edição de vídeo, renderização 3D e simulação científica. Elas combinam CPUs de alta *performance* com GPUs poderosas para acelerar cálculos gráficos e científicos.

- **CPUs com múltiplos núcleos:** utilizam processadores com alto número de núcleos e suporte a múltiplos *threads* para processamento paralelo.
- **GPUs profissionais:** placas como NVIDIA Quadro ou AMD Radeon Pro são otimizadas para renderização em tempo real e simulação de física avançada.
- **Memória ECC e armazenamento de alto desempenho:** utilizam memória ECC e SSDs NVMe para garantir desempenho e estabilidade em cargas de trabalho críticas.

5.5. CONSIDERAÇÕES FINAIS

O *design* e a arquitetura de hardware impactam diretamente a capacidade de um sistema realizar suas tarefas de maneira eficiente, segura e confiável. A evolução tecnológica em processadores, memórias e dispositivos de armazenamento trouxe inovações significativas, como a integração de unidades de processamento especializadas (ex.: TPUs e NPUs) e o uso de arquiteturas heterogêneas para tarefas de alto desempenho, como *machine learning* e análise de *big data*.

Esses avanços permitem que sistemas computacionais realizem operações que antes eram restritas a supercomputadores, como aprendizado profundo e simulações complexas, e oferecem novas possibilidades em dispositivos móveis e sistemas embarcados. A escolha cuidadosa dos componentes de hardware, aliada à otimização da comunicação e do gerenciamento de energia, é essencial para alcançar um desempenho equilibrado e atender às necessidades específicas de cada aplicação.

QUESTIONÁRIO DO CAPÍTULO 5

1. Explique a definição de hardware e a importância dos componentes físicos para a execução de instruções de software em um sistema computacional.
2. Descreva a arquitetura de uma CPU moderna e suas principais unidades funcionais. Em sua resposta, inclua o papel da ALU e da Unidade de Controle.
3. Comente sobre as diferenças entre as arquiteturas x86, ARM e RISC-V. Qual o impacto dessas diferenças na eficiência de processamento e no consumo de energia?
4. Explique como a hierarquia de cache (L1, L2 e L3) contribui para o desempenho de uma CPU e como a memória cache interage com a RAM principal durante a execução de programas.
5. Analise o papel dos registradores dentro da CPU e a diferença entre registradores de propósito geral e registradores de propósito específico, como o Contador de Programa (PC).
6. Explique a técnica de *pipeline* de instruções e como ela otimiza a execução de comandos em uma CPU. Descreva cada estágio do *pipeline* e os possíveis desafios, como as previsões de ramificações.
7. Compare as memórias SRAM e DRAM em termos de arquitetura, velocidade e aplicação. Justifique o uso da SRAM em caches de CPU e da DRAM como memória principal.
8. Explique a função de uma unidade de predição de ramificação e como ela melhora a performance em CPUs modernas. Inclua um exemplo de como um erro de predição (*branch misprediction*) pode impactar o desempenho.

9. Descreva as principais diferenças entre HDDs e SSDs, considerando aspectos como arquitetura, desempenho, durabilidade e aplicações típicas. Como o protocolo NVMe contribui para a *performance* de SSDs modernos?
10. Discuta a importância dos barramentos de comunicação no desempenho dos sistemas de E/S. Compare as interfaces PCIe, USB e SATA, considerando fatores como taxa de transferência, latência e aplicações ideais para cada uma.
11. Explique como o uso de memória ECC (*Error-Correcting Code*) em servidores contribui para a integridade dos dados e a confiabilidade do sistema. Quais são os cenários mais adequados para a utilização desse tipo de memória?
12. Descreva a evolução das tecnologias de memória DDR (*Double Data Rate*), abordando desde o DDR1 até o DDR5. Quais foram as melhorias introduzidas em termos de largura de banda, consumo de energia e densidade de armazenamento?
13. Diferencie entre os sistemas de resfriamento a ar e a líquido em termos de eficiência térmica, custo e complexidade de instalação. Quando cada um desses sistemas deve ser considerado em uma configuração de hardware?
14. Explique como a técnica de *prefetching* (pré-busca) é utilizada em arquiteturas de cache para melhorar a eficiência de acesso à memória. Quais são as possíveis desvantagens dessa técnica?
15. Analise a função do controlador PFC (*Power Factor Correction*) nas fontes de alimentação e como ele contribui para a eficiência energética e a redução de perdas em sistemas de alta potência.
16. Discorra sobre as características e os desafios de implementar sistemas de resfriamento por submersão (*Immersion Cooling*) em *data centers*. Quais são as vantagens em termos de eficiência térmica e custo de operação?

17. Explique o papel dos controladores DMA (*Direct Memory Access*) em sistemas de E/S e como eles aliviam a carga de trabalho da CPU durante operações de transferência de dados. Em quais cenários o uso de DMA é mais vantajoso?
18. Comente sobre o conceito de latência em memórias RAM e como diferentes tipos de latência (ex.: CAS Latency) impactam o desempenho de acesso aos dados. Dê um exemplo de como calcular a latência real de um módulo DDR4.
19. Discuta a importância do gerenciamento de energia em dispositivos móveis e como arquiteturas como big.LITTLE ajudam a equilibrar desempenho e consumo energético. Inclua exemplos práticos de como esse gerenciamento afeta a experiência do usuário.
20. Explique como a arquitetura de uma placa-mãe influencia a conectividade e a expansão de um sistema. Aborde aspectos como número de *slots* PCIe, suporte a múltiplos canais de memória e presença de interfaces de alta velocidade (p. ex., Thunderbolt e USB-C).

CAPÍTULO 6: SOFTWARE E SISTEMA

6.1. DEFINIÇÃO DE SOFTWARE

Software é um conjunto de instruções que são executadas por um computador para realizar tarefas específicas. Essas instruções são escritas em linguagens de programação, como Python, Java e C++, e podem variar de simples comandos para calcular números até programas complexos que gerenciam sistemas inteiros. O software é essencial para o funcionamento dos computadores e pode ser categorizado em duas principais categorias: software de sistema e software de aplicação.

– **Software de sistema:** inclui o sistema operacional (SO) e todos os utilitários que permitem o funcionamento do computador. O SO gerencia o hardware e os recursos de software do computador, e fornece serviços comuns para programas de aplicação. Exemplos de SOs incluem Windows, macOS e Linux.
– **Software de aplicação:** compreende programas que ajudam o usuário a realizar tarefas específicas. Isso inclui processadores de texto, planilhas, navegadores de internet e softwares de *design* gráfico. Esses programas são desenvolvidos para fornecer funcionalidades diretas ao usuário final e são usados para fins produtivos ou de entretenimento.

6.2. DEFINIÇÃO DE SISTEMA

Um sistema pode ser definido como um conjunto de elementos inter-relacionados que trabalham juntos para alcançar um objetivo comum. Em computação, um sistema é uma integração de hardware, software, dados e procedimentos que trabalham juntos para realizar tarefas específicas e resolver problemas.

- **Sistema computacional:** um sistema computacional é composto pelo hardware do computador, o sistema operacional, os softwares de aplicação e os dados que são processados para produzir informação útil. Cada componente do sistema desempenha um papel vital na funcionalidade geral do sistema, permitindo a realização de operações complexas de forma eficiente e eficaz.
- **Sistema de informação:** um sistema de informação é uma combinação de tecnologia da informação e atividades de pessoas que apoiam as operações, a gestão e a tomada de decisões dentro de uma organização. Ele envolve a coleta, o armazenamento, o processamento e a distribuição de informações. Exemplos incluem sistemas de gerenciamento de banco de dados e sistemas de planejamento de recursos empresariais (ERP – *Enterprise Resource Planning*).

6.3. DIFERENÇA ENTRE SOFTWARE E SISTEMA

A principal diferença entre software e sistema reside na abrangência e na função de cada um:

- **Software** é um componente específico que realiza uma função definida dentro de um sistema. É um conjunto de instruções que são executadas pelo hardware para realizar tarefas específicas. O software pode existir de forma independente, como um aplicativo de planilha ou um navegador de internet.
- **Sistema** é um conceito mais abrangente, que inclui não apenas o software, mas também o hardware, os dados e os procedimentos necessários para realizar uma tarefa ou resolver um problema. O sistema é um grupo de componentes interconectados que trabalham juntos para atingir um objetivo.

Por exemplo, um software de processamento de texto, como o Microsoft Word, é um programa individual que permite criar e editar documentos. Já um sistema de gerenciamento de documentos inclui não apenas o software de processamento de texto, mas também o hardware de armazenamento, os procedimentos para arquivamento e recuperação de documentos e os dados dos próprios documentos.

6.4. EXEMPLOS APLICÁVEIS DO CAPÍTULO

Para ilustrar os conceitos discutidos, vejamos alguns exemplos práticos:

a) **Sistema Operacional e Software de Aplicação**
- O Windows é um sistema operacional que gerencia o hardware do computador e fornece uma plataforma para executar softwares de aplicação como o Microsoft Office.
- O Microsoft Office, por sua vez, é um conjunto de softwares de aplicação que inclui programas como Word, Excel e PowerPoint, cada um realizando tarefas específicas de processamento de texto, planilhas e apresentações.

b) **Sistema de Informação em uma Empresa**
- Um sistema ERP integra várias funções de uma empresa, como contabilidade, compras e gerenciamento de estoque, em um único sistema unificado.
- Este sistema inclui o software ERP, servidores de hardware onde o software está instalado, bancos de dados que armazenam as informações da empresa e os procedimentos utilizados pelos funcionários para inserir e acessar os dados.

c) **Sistema de Gerenciamento de Banco de Dados**
- Um Sistema de Gerenciamento de Banco de Dados (SGBD) como o MySQL é um software que permite a criação, a gestão e a manipulação de bases de dados.

- Este sistema é composto pelo software MySQL, servidores que hospedam o banco de dados, dados que são armazenados e manipulados, e procedimentos para gerenciar a segurança e a integridade dos dados.

Este capítulo forneceu uma visão abrangente sobre as definições e diferenças entre software e sistema, ilustrando esses conceitos com exemplos práticos aplicáveis. A compreensão desses termos é crucial para a utilização eficiente da tecnologia em diversos contextos.

QUESTIONÁRIO DO CAPÍTULO 6

1. O que é software e quais são seus principais tipos?
2. Descreva a diferença entre software de sistema e software de aplicação.
3. O que é um sistema operacional e qual a sua função?
4. Explique o conceito de *drivers* de dispositivo.
5. O que é um software utilitário e qual a sua importância?
6. Descreva o que é um software de programação.
7. O que é um software de banco de dados?
8. Explique o conceito de licença de software.
9. O que é um software de código aberto e quais são suas vantagens?
10. Descreva a diferença entre software proprietário e software livre.
11. O que é um software de segurança e qual sua função?
12. Explique o conceito de atualização de software.
13. O que são *patches* de software?
14. Descreva a importância dos sistemas de gerenciamento de conteúdo (CMS).
15. O que é um software de edição de imagens?
16. Explique o conceito de virtualização de software.
17. O que é um emulador e para que ele é utilizado?
18. Descreva a importância do software de produtividade.
19. O que são aplicativos móveis?
20. Explique o conceito de computação em nuvem e seus benefícios.

CAPÍTULO 7: REDES DE COMPUTADORES

7.1. DEFINIÇÃO

Redes de computadores são sistemas de comunicação que interligam dois ou mais dispositivos, como computadores, impressoras e outros dispositivos, permitindo a troca de informações e recursos entre eles. As redes de computadores são fundamentais para a comunicação moderna, suportando desde pequenas redes domésticas até grandes redes corporativas e a própria internet.

De acordo com Tanenbaum e Wetherall (2011), uma rede de computadores é um sistema de comunicação composto por diversos dispositivos que compartilham dados e recursos. Este sistema pode ser classificado de acordo com sua abrangência geográfica, estrutura e funcionalidade.

7.2. Tipos de Rede

As redes de computadores podem ser classificadas em diferentes tipos, com base na sua abrangência geográfica, na arquitetura e na tecnologia de conexão. Os principais tipos de redes são:

1) **Redes locais (LAN –** *Local Area Network*): são redes restritas a uma pequena área geográfica, como uma residência, um escritório ou um edifício. Elas são usadas para conectar computadores e outros dispositivos próximos uns dos outros.
2) **Redes metropolitanas (MAN –** *Metropolitan Area Network*): abrangem uma área geográfica maior que uma LAN, como uma cidade ou um *campus* universitário. As MANs são usadas para conectar redes locais em uma área metropolitana.
3) **Redes de Longa Distância (WAN –** *Wide Area Network*): cobrem grandes áreas geográficas, como países ou continentes. A internet é o exemplo mais abrangente de uma WAN.

4) **Redes pessoais (PAN – *Personal Area Network*):** são redes utilizadas para a comunicação entre dispositivos próximos ao usuário, como *smartphones*, *tablets* e *laptops*, geralmente utilizando tecnologias sem fio, como Bluetooth.
5) **Redes Corporativas (CAN – *Campus Area Network*):** são redes implementadas em grandes *campi*, como universidades ou grandes empresas, conectando múltiplas redes locais dentro de uma área específica.

7.2.1. Ethernet

Ethernet é uma tecnologia de rede local que define padrões para o cabeamento, o formato dos dados e a transmissão de dados em redes locais. Ela foi desenvolvida na década de 1970 por Robert Metcalfe e seus colegas na Xerox PARC, e, desde então, tornou-se o padrão dominante para redes locais.

Segundo Stallings (2017), a Ethernet utiliza um protocolo de controle de acesso ao meio (MAC) para gerenciar a forma como os dispositivos na rede acessam e utilizam o meio de transmissão. A tecnologia Ethernet pode ser dividida em várias versões, incluindo:

1) **Ethernet clássica:** originalmente, a Ethernet clássica operava a 10 Mbps e utilizava cabos coaxiais. Hoje em dia, esta tecnologia está obsoleta.
2) **Fast Ethernet:** introduzida na década de 1990, a Fast Ethernet oferece velocidades de até 100 Mbps e usa cabos de par trançado ou fibra óptica.
3) **Gigabit Ethernet:** oferece velocidades de até 1 Gbps e é amplamente utilizada em redes locais modernas. Utiliza cabos de par trançado de alta qualidade ou fibra óptica.
4) **10 Gigabit Ethernet:** fornece velocidades de até 10 Gbps e é usada principalmente em redes corporativas e *data centers*.

7.2.2. Wi-Fi

Wi-Fi é uma tecnologia de rede sem fio que permite que dispositivos como computadores, *smartphones* e *tablets* se conectem à internet e entre si sem a necessidade de cabos físicos. O Wi-Fi utiliza ondas de rádio para transmitir dados e é baseado nos padrões IEEE 802.11, desenvolvidos pelo *Institute of Electrical and Electronics Engineers* (IEEE).

De acordo com Kurose e Ross (2017), o Wi-Fi opera em diferentes bandas de frequência, incluindo 2.4 GHz e 5 GHz, e utiliza várias tecnologias para melhorar a eficiência e a segurança da comunicação. As principais versões do Wi-Fi incluem:

1) **802.11b:** opera na banda de 2.4 GHz e oferece velocidades de até 11 Mbps.
2) **802.11g:** também opera na banda de 2.4 GHz, mas oferece velocidades de até 54 Mbps.
3) **802.11n:** introduzido em 2009, opera tanto nas bandas de 2.4 GHz quanto 5 GHz e oferece velocidades de até 600 Mbps.
4) **802.11ac:** opera na banda de 5 GHz e oferece velocidades de até 1 Gbps ou mais.
5) **802.11ax:** conhecido como Wi-Fi 6, oferece melhorias significativas em termos de velocidade, eficiência e capacidade de rede, suportando velocidades de até 10 Gbps.

7.3. TOPOLOGIA

A topologia de uma rede refere-se à disposição física ou lógica dos nós e dispositivos na rede e como eles estão interconectados. Existem várias topologias de rede, cada uma com suas próprias vantagens e desvantagens. As principais topologias incluem:

1) **Topologia em barramento (*Bus*):** todos os dispositivos estão conectados a um único cabo de comunicação. É fácil de implementar, mas pode ser ineficiente em grandes redes devido ao aumento de colisões de dados.

2) **Topologia em estrela (*Star*):** todos os dispositivos estão conectados a um dispositivo central, como um *switch* ou roteador. Esta topologia é fácil de gerenciar e isola problemas de rede, mas a falha do dispositivo central pode interromper toda a rede.
3) **Topologia em anel (*Ring*):** os dispositivos são conectados em um anel fechado, com cada dispositivo conectado ao próximo. Esta topologia oferece boa eficiência para redes pequenas, mas uma falha em um único dispositivo pode afetar toda a rede.
4) **Topologia em malha (*Mesh*):** cada dispositivo está conectado a vários outros dispositivos. Oferece alta redundância e resiliência, mas é complexa e cara de implementar.
5) **Topologia em árvore (*Tree*):** é uma variação da topologia em estrela, onde várias estrelas são conectadas em uma estrutura hierárquica. É escalável e fácil de gerenciar, mas a falha de um dispositivo na parte superior da hierarquia pode afetar vários dispositivos abaixo.
6) **Topologia híbrida:** combina duas ou mais das topologias acima mencionadas para tirar proveito das vantagens de cada uma. É flexível e pode ser adaptada para atender às necessidades específicas da rede.

7.4. EXEMPLOS APLICÁVEIS DO CAPÍTULO

Exemplo 1: Rede Local Empresarial

Uma pequena empresa pode implementar uma rede local (LAN) usando a tecnologia Ethernet para conectar seus computadores, impressoras e outros dispositivos. A topologia em estrela seria uma escolha comum, com um *switch* central ao qual todos os dispositivos estão conectados. Isso permite fácil gerenciamento e resolução de problemas, além de oferecer boa *performance*.

Exemplo 2: Rede Wi-Fi Doméstica

Em uma residência, uma rede Wi-Fi pode ser usada para conectar *laptops*, *smartphones*, *tablets* e dispositivos IoT como termostatos inteligentes e câmeras de segurança. Utilizando um roteador Wi-Fi moderno com suporte para 802.11ac ou 802.11ax, os dispositivos podem se conectar sem fio à internet e entre si, oferecendo conveniência e flexibilidade.

Exemplo 3: Rede de Longa Distância para Empresas Multinacionais

Uma empresa multinacional pode usar uma rede de longa distância (WAN) para conectar suas filiais em diferentes países. Essa WAN pode ser composta por várias redes locais interconectadas por meio de *links* de alta velocidade e tecnologias como MPLS (*Multiprotocol Label Switching*) ou VPNs (Redes Privadas Virtuais). A topologia em malha pode ser utilizada para garantir redundância e resiliência, garantindo que uma falha em um único *link* não afete a conectividade geral.

Exemplo 4: Rede Metropolitana em um *Campus* Universitário

Um *campus* universitário pode implementar uma rede metropolitana (MAN) para conectar seus diversos edifícios e departamentos. Utilizando fibra óptica e *switches* de alta capacidade, a MAN pode oferecer alta velocidade e baixa latência, suportando as necessidades de alunos, professores e administração. A topologia em árvore pode ser utilizada para organizar a rede de forma hierárquica, facilitando a gestão e a expansão futura.

Exemplo 5: Redes Pessoais para Dispositivos Móveis

Redes pessoais (PAN) são frequentemente usadas para conectar dispositivos móveis como *smartphones*, fones de ouvido sem fio e *smartwatches*. Utilizando tecnologias como Bluetooth, esses dispositivos podem se comunicar entre si e com um dispositivo central, como um *smartphone*, permitindo a sincronização de dados e a execução de tarefas diárias com conveniência.

QUESTIONÁRIO DO CAPÍTULO 7

1. O que é uma rede de computadores e quais são seus componentes básicos?
2. Diferencie LAN, MAN e WAN.
3. O que é a topologia de rede e quais são os tipos principais?
4. Explique a função de roteadores e *switches* em uma rede.
5. O que é o modelo OSI e quais são suas camadas?
6. Descreva a função de cada camada do modelo OSI.
7. O que é o protocolo TCP/IP e como ele funciona?
8. Explique a diferença entre IPv4 e IPv6.
9. O que é endereçamento IP e como ele é utilizado?
10. Explique o conceito de sub-rede e máscara de sub-rede.
11. O que são portas e *sockets* em redes de computadores?
12. Descreva o processo de encapsulamento de dados.
13. O que é um *firewall* e qual a sua função?
14. Explique o conceito de VPN e como ele é utilizado.
15. O que é segurança em redes de computadores e quais são suas principais ameaças?
16. Como a criptografia é utilizada para proteger dados?
17. O que é uma rede ponto a ponto (P2P) e como ela funciona?
18. Explique o conceito de DHCP e sua função em uma rede.
19. O que é um servidor DNS e qual a sua importância?
20. Descreva a importância da qualidade de serviço (QoS) em redes de computadores.

CAPÍTULO 8: ESTRUTURAS DE CONTROLE

8.1. ESTRUTURAS SEQUENCIAIS

As estruturas sequenciais são a base de qualquer programa de computador. Elas representam a execução linear de instruções, onde cada comando é executado um após o outro, na ordem em que aparecem. Esta forma de estrutura é a mais simples e direta, sem desvios ou repetições.

Exemplo Didático:
```
# Programa simples que soma dois números e imprime o resultado
a = 5
b = 10
soma = a + b
print("A soma é:", soma)
```

Neste exemplo, cada linha do código é executada sequencialmente. Primeiro, os valores são atribuídos às variáveis a e b. Em seguida, essas variáveis são somadas, e o resultado é armazenado na variável soma. Finalmente, o resultado é impresso.

8.2. ESTRUTURAS CONDICIONAIS OU DE SELEÇÃO

As estruturas condicionais permitem que um programa tome decisões e execute diferentes caminhos de execução com base em certas condições. Elas são fundamentais para a criação de algoritmos dinâmicos e adaptáveis.

8.2.1. Estruturas Condicionais Simples

As estruturas condicionais simples verificam uma única condição e executam um bloco de código se a condição for verdadeira. A instrução if é um exemplo clássico de estrutura condicional simples.

Exemplo Didático:

```
# Programa que verifica se um número é positivo
numero = 7
if numero > 0:
    print("O número é positivo")
```

Neste exemplo, a condição numero > 0 é verificada. Se for verdadeira, a mensagem "O número é positivo" é impressa.

8.2.2. Estruturas Condicionais Compostas

As estruturas condicionais compostas permitem a verificação de múltiplas condições, proporcionando maior flexibilidade. As instruções if-else e if-elif-else são exemplos de estruturas condicionais compostas.

Exemplo Didático:

```
# Programa que classifica um número como positivo, negativo ou zero
numero = -3
if numero > 0:
    print("O número é positivo")
elif numero < 0:
    print("O número é negativo")
else:
    print("O número é zero")
```

Neste exemplo, a condição numero > 0 é verificada primeiro. Se for falsa, a próxima condição numero < 0 é verificada. Se ambas forem falsas, o bloco else é executado.

8.3. ESTRUTURAS DE REPETIÇÃO

As estruturas de repetição permitem que um bloco de código seja executado múltiplas vezes, com base em uma condição. Elas são essenciais para a realização de tarefas repetitivas e para a manipulação eficiente de dados em massa.

8.3.1. ESTRUTURAS DE REPETIÇÃO DEFINIDAS

As estruturas de repetição definidas executam um bloco de código um número específico de vezes. A instrução for é um exemplo de estrutura de repetição definida.

Exemplo Didático:

```
# Programa que imprime os números de 1 a 5
for i in range(1, 6):
    print(i)
```

Neste exemplo, o laço for é usado para iterar de 1 a 5, imprimindo cada número.

8.3.2. Estruturas de Repetição Indefinidas

As estruturas de repetição indefinidas continuam a executar um bloco de código enquanto uma condição específica for verdadeira. A instrução while é um exemplo de estrutura de repetição indefinida.

Exemplo Didático:

```
# Programa que imprime números enquanto forem menores que 5
numero = 1
while numero < 5:
    print(numero)
    numero += 1
```

Neste exemplo, o laço while continua a executar enquanto a condição numero < 5 for verdadeira. A cada iteração, numero é incrementado em 1.

8.4. EXEMPLOS APLICÁVEIS DO CAPÍTULO

Para ilustrar melhor o uso das estruturas de controle, vamos explorar alguns exemplos práticos em diferentes contextos.

Exemplo 1: Calculadora Simples

Este exemplo combina estruturas sequenciais, condicionais e de repetição para criar uma calculadora simples que permite ao usuário realizar várias operações matemáticas até que ele decida sair.

```
def calcular():
    while True:
        print("\nEscolha a operação:")
        print("1. Adição")
        print("2. Subtração")
        print("3. Multiplicação")
        print("4. Divisão")
        print("5. Sair")
        escolha = input("Digite a opção (1/2/3/4/5): ")

        if escolha == '5':
            print("Encerrando a calculadora.")
            break

        num1 = float(input("Digite o primeiro número: "))
        num2 = float(input("Digite o segundo número: "))

        if escolha == '1':
            resultado = num1 + num2
            print(f"{num1} + {num2} = {resultado}")
```

```
        elif escolha == '2':
            resultado = num1 - num2
            print(f"{num1} - {num2} = {resultado}")
        elif escolha == '3':
            resultado = num1 * num2
            print(f"{num1} * {num2} = {resultado}")
        elif escolha == '4':
            if num2 == 0:
                print("Erro: Divisão por zero não é permitida.")
            else:
                resultado = num1 / num2
                print(f"{num1} / {num2} = {resultado}")
        else:
            print("Opção inválida.")

calcular()
```

Exemplo 2: Análise de Notas

Este exemplo demonstra como usar estruturas de controle para analisar um conjunto de notas de alunos e calcular a média, determinando se os alunos foram aprovados ou reprovados.

```
notas = [7.5, 8.0, 6.0, 9.0, 5.5]
soma = 0
aprovados = 0
reprovados = 0

for nota in notas:
    soma += nota
    if nota >= 6.0:
        aprovados += 1
    else:
        reprovados += 1
```

media = soma / len(notas)

print(f"Média da turma: {media:.2f}")
print(f"Alunos aprovados: {aprovados}")
print(f"Alunos reprovados: {reprovados}")

Neste exemplo, usamos um laço for para iterar pelas notas, acumulando a soma e contando quantos alunos foram aprovados e quantos foram reprovados.

• **Conclusão**

As estruturas de controle são fundamentais para a programação, permitindo que algoritmos sejam criados para resolver problemas complexos de maneira eficiente. A compreensão e o uso adequado dessas estruturas são essenciais para qualquer desenvolvedor de software.

QUESTIONÁRIO DO CAPÍTULO 8

1. O que são estruturas de controle e qual a sua importância na programação?
2. Diferencie estruturas de controle sequenciais, condicionais e de repetição.
3. Explique o conceito de estrutura sequencial com um exemplo.
4. O que são estruturas condicionais e quais são os principais tipos?
5. Descreva a estrutura condicional "if-else" com um exemplo prático.
6. Explique a estrutura condicional "switch-case" e quando ela é utilizada.
7. O que são operadores relacionais e lógicos em estruturas condicionais?

8. Descreva o funcionamento de uma estrutura de repetição "for".
9. Qual a diferença entre a estrutura de repetição "while" e "do-while"?
10. Explique como a estrutura de repetição "for-each" é utilizada em linguagens de programação.
11. O que são laços aninhados e quais são suas aplicações?
12. Descreva o conceito de controle de fluxo com a instrução "break".
13. Como a instrução "continue" altera o fluxo de um laço de repetição?
14. Explique o uso da instrução "return" em funções.
15. O que é uma variável de controle de laço e como ela é utilizada?
16. Descreva um exemplo prático de uma calculadora simples utilizando estruturas de controle.
17. O que são blocos de código e como eles melhoram a legibilidade do programa?
18. Explique o conceito de escopo de variáveis em estruturas de controle.
19. Como as estruturas de controle melhoram a eficiência dos algoritmos?
20. Descreva a importância da indentação correta em linguagens de programação.

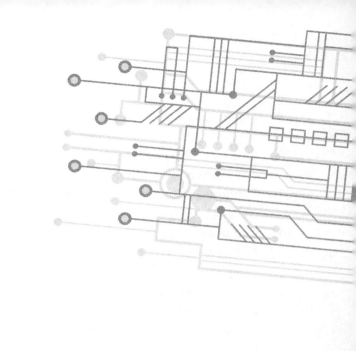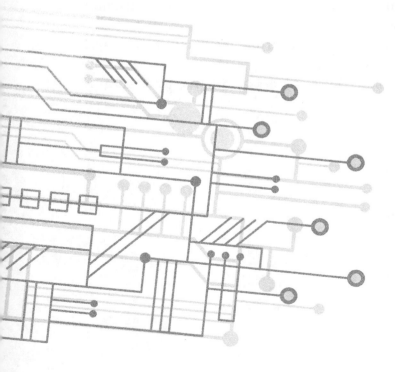

CAPÍTULO 9: ESTRUTURAS DE DADOS

9.1. INTRODUÇÃO

As estruturas de dados são componentes fundamentais em ciência da computação, representando formas organizadas de armazenar e gerenciar dados para que possam ser utilizados de maneira eficiente. Elas são essenciais para o desenvolvimento de algoritmos eficazes e desempenham um papel crucial em diversas aplicações, desde sistemas de gerenciamento de banco de dados até inteligência artificial e computação gráfica. A escolha adequada da estrutura de dados pode melhorar significativamente o desempenho de um software.

9.2. VARIÁVEIS COMPOSTAS HOMOGÊNEAS

As variáveis compostas homogêneas são aquelas que armazenam múltiplos elementos do mesmo tipo de dado. As principais variáveis compostas homogêneas são os *arrays* (ou vetores) e as matrizes.

9.2.1. Variáveis Compostas Unidimensionais

As variáveis compostas unidimensionais, ou *arrays* unidimensionais, são listas ordenadas de elementos de mesmo tipo, acessados por índices numéricos. Eles são amplamente utilizados devido à sua simplicidade e eficiência em acessar dados sequencialmente.

Exemplo Didático:

```
# Definição de um array de números inteiros
numeros = [10, 20, 30, 40, 50]

# Acesso ao terceiro elemento (índice 2)
print(numeros[2])  # Saída: 30
```

# Modificação do valor do segundo elemento (índice 1)
numeros[1] = 25
print(numeros) # Saída: [10, 25, 30, 40, 50]

No exemplo acima, o *array* numeros armazena cinco inteiros. O acesso e a modificação de elementos são realizados utilizando os índices do *array*.

9.2.2. Variáveis Compostas Multidimensionais

As variáveis compostas multidimensionais, ou matrizes, são *arrays* de *arrays*, permitindo o armazenamento de dados em múltiplas dimensões. As matrizes bidimensionais são as mais comuns, sendo utilizadas para representar tabelas de dados.

Exemplo Didático:

```
# Definição de uma matriz 3x3 de números inteiros
matriz = [
  [1, 2, 3],
  [4, 5, 6],
  [7, 8, 9]
]

# Acesso ao elemento da segunda linha e terceira coluna
print(matriz[1][2])  # Saída: 6

# Modificação do valor do elemento da primeira linha e segunda coluna
matriz[0][1] = 10
print(matriz)  # Saída: [[1, 10, 3], [4, 5, 6], [7, 8, 9]]
```

Neste exemplo, a matriz matriz armazena números inteiros em uma estrutura bidimensional, onde cada elemento é acessado utilizando dois índices.

9.3. VARIÁVEIS COMPOSTAS HETEROGÊNEAS

As variáveis compostas heterogêneas são aquelas que podem armazenar múltiplos elementos de diferentes tipos de dados. As principais estruturas heterogêneas são os registros (ou *structs*) e os conjuntos de registros.

9.3.1. Registros

Os registros são estruturas que permitem a agrupação de variáveis de diferentes tipos sob um mesmo nome. Cada variável em um registro é chamada de campo, e cada campo pode armazenar um tipo de dado diferente.

Exemplo Didático:

```
# Definição de um registro para armazenar dados de um aluno
class Aluno:
    def __init__(self, nome, idade, matricula):
        self.nome = nome
        self.idade = idade
        self.matricula = matricula

# Criação de uma instância do registro Aluno
aluno1 = Aluno("Maria", 20, "A12345")

# Acesso aos campos do registro
print(aluno1.nome)   # Saída: Maria
print(aluno1.idade)  # Saída: 20
print(aluno1.matricula)  # Saída: A12345
```

No exemplo acima, o registro Aluno agrupa três campos (nome, idade e matricula), permitindo o armazenamento de dados relacionados a um aluno.

9.3.2. Conjunto de Registros

Um conjunto de registros é uma coleção de registros, onde cada registro pode armazenar dados heterogêneos. Essa estrutura é útil para gerenciar grandes volumes de dados complexos, como listas de clientes, produtos ou funcionários.

Exemplo Didático:

```
# Definição de um registro para armazenar dados de um produto
class Produto:
    def __init__(self, id_produto, nome, preco):
        self.id_produto = id_produto
        self.nome = nome
        self.preco = preco

# Criação de uma lista de registros Produto
produtos = [
    Produto(1, "Notebook", 1500.00),
    Produto(2, "Mouse", 50.00),
    Produto(3, "Teclado", 100.00)
]

# Acesso aos dados de cada produto
for produto in produtos:
    print(f"ID: {produto.id_produto}, Nome: {produto.nome}, Preço: {produto.preco}")
```

Neste exemplo, uma lista de registros Produto é criada, permitindo a gestão de informações sobre vários produtos.

• **Conclusão**

As estruturas de dados são fundamentais para a organização e manipulação eficiente de dados em sistemas computacionais. As variáveis compostas homogêneas e heterogêneas fornecem formas flexíveis e poderosas de armazenar diferentes tipos de dados, permitindo a criação de algoritmos eficazes para resolver problemas complexos.

QUESTIONÁRIO DO CAPÍTULO 9

1. O que são estruturas de dados e por que são essenciais em ciência da computação?
2. Diferencie variáveis compostas homogêneas e heterogêneas.
3. Explique o conceito de *arrays* unidimensionais com um exemplo.
4. O que são matrizes (*arrays* bidimensionais) e como são utilizadas?
5. Descreva o conceito de listas encadeadas e suas vantagens.
6. O que são pilhas (*stacks*) e como funcionam?
7. Explique a operação de inserção e remoção em uma pilha.
8. O que são filas (*queues*) e como elas diferem das pilhas?
9. Descreva a operação de inserção e remoção em uma fila.
10. O que são árvores binárias e quais são suas aplicações?
11. Explique o conceito de árvore binária de busca (BST).
12. O que é uma árvore AVL e como ela difere de uma árvore binária de busca?
13. Descreva o conceito de grafos e suas representações.
14. O que são listas de adjacência e matrizes de adjacência em grafos?
15. Explique o algoritmo de busca em profundidade (DFS) em grafos.
16. O que é o algoritmo de busca em largura (BFS) e quais são suas aplicações?
17. Descreva a importância das tabelas hash e como elas funcionam.
18. O que são colisões em tabelas hash e como elas podem ser resolvidas?
19. Explique o conceito de registros (*structs*) com um exemplo.
20. Descreva a importância da escolha adequada de estruturas de dados na eficiência dos algoritmos.

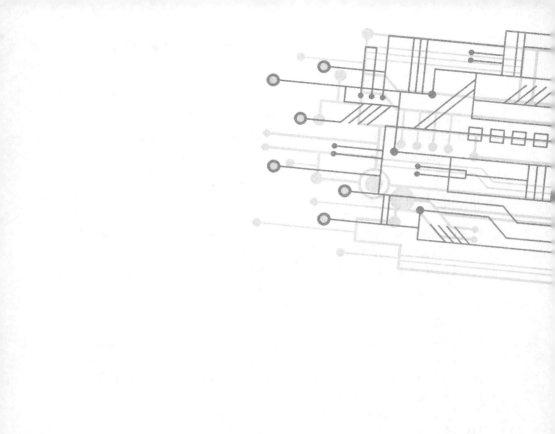
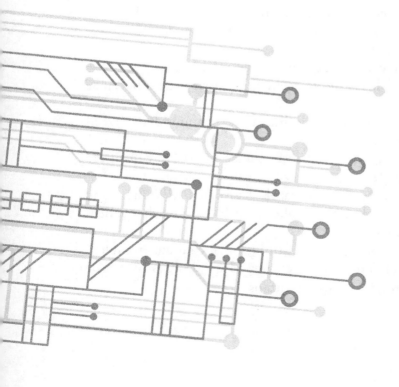

CAPÍTULO 10: MODULARIZAÇÃO

10.1. INTRODUÇÃO

A modularização é uma técnica fundamental em engenharia de software que visa dividir um sistema complexo em partes menores e mais gerenciáveis, conhecidas como módulos. Essa abordagem facilita o desenvolvimento, a manutenção e a escalabilidade de sistemas, promovendo a reutilização de código e a redução de redundâncias. Modularização também melhora a legibilidade e a organização do código, permitindo que diferentes partes de um sistema sejam desenvolvidas e testadas de forma independente.

De acordo com Pressman (2014), a modularização é um dos princípios mais importantes no desenvolvimento de software, pois permite a criação de sistemas mais flexíveis e fáceis de manter. Ao decompor um problema grande em partes menores, cada módulo pode ser desenvolvido de maneira isolada, o que simplifica o processo de programação e possibilita o trabalho colaborativo entre diferentes equipes.

10.2. Módulos e Ferramentas para Modularização

Um módulo é uma unidade funcional de um programa que realiza uma tarefa específica e pode ser desenvolvida, testada e mantida de forma independente. Em linguagens de programação, os módulos são geralmente representados por arquivos separados ou pacotes que contêm funções, classes e dados relacionados.

- **Ferramentas para Modularização**
    1) **Python e seus pacotes:** Python facilita a modularização por meio do uso de pacotes e módulos. Um pacote é um diretório que contém múltiplos módulos, e cada módulo

é um arquivo Python que pode definir funções, classes e variáveis.

```python
# Exemplo de módulo em Python
def saudacao(nome):
    return f"Olá, {nome}!"
# Exemplo de uso de módulo
import modulo_exemplo

print(modulo_exemplo.saudacao("Maria"))
```

2) **Java e seus pacotes:** em Java, a modularização é implementada por meio de pacotes, que são agrupamentos de classes e interfaces relacionadas. Cada pacote é definido por uma estrutura de diretórios que reflete a hierarquia dos pacotes.

```java
// Exemplo de uma classe em um pacote
package com.exemplo.saudacao;

public class Saudacao {
    public static String saudacao(String nome) {
        return "Olá, " + nome + "!";
    }
}
// Exemplo de uso de um pacote
import com.exemplo.saudacao.Saudacao;

public class Main {
    public static void main(String[] args) {
        System.out.println(Saudacao.saudacao("Maria"));
    }
}
```

3) **Modularização em C:** em C, a modularização é alcançada usando arquivos de cabeçalho (.h) e arquivos de implementação (.c). Os arquivos de cabeçalho contêm declarações de funções e variáveis, enquanto os arquivos de implementação contêm a definição dessas funções e variáveis.

```
// Exemplo de arquivo de cabeçalho (saudacao.h)
#ifndef SAUDACAO_H
#define SAUDACAO_H

void saudacao(const char *nome);

#endif
// Exemplo de arquivo de implementação (saudacao.c)
#include <stdio.h>
#include "saudacao.h"

void saudacao(const char *nome) {
    printf("Olá, %s!\n", nome);
}
// Exemplo de uso de módulo em C
#include "saudacao.h"

int main() {
    saudacao("Maria");
    return 0;
}
```

10.3. ESCOPO DE VARIÁVEIS

O escopo de variáveis refere-se à visibilidade e ao tempo de vida de uma variável dentro de um programa. Existem diferentes tipos de escopo, incluindo escopo global, escopo local e escopo de bloco.

1) **Escopo global:** variáveis globais são declaradas fora de

qualquer função ou bloco e são acessíveis em qualquer parte do programa.

# Exemplo de variável global
x = 10

def funcao():
 print(x) # Acessa a variável global x

funcao() # Saída: 10

2) **Escopo local:** variáveis locais são declaradas dentro de uma função ou bloco e só podem ser acessadas dentro dessa função ou bloco.

# Exemplo de variável local
def funcao():
 y = 5
 print(y) # Acessa a variável local y

funcao() # Saída: 5
print(y) # Erro: y não é acessível fora da função

3) **Escopo de bloco**: em linguagens como C e Java, variáveis declaradas dentro de blocos de código, como *loops* ou condicionais, têm escopo limitado a esses blocos.

// Exemplo de escopo de bloco em Java
public class Main {
 public static void main(String[] args) {
  for (int i = 0; i < 10; i++) {
   System.out.println(i);
  }
  // System.out.println(i); // Erro: i não é acessível fora do loop
 }
}

O entendimento do escopo de variáveis é crucial para evitar conflitos de nomes e garantir que as variáveis sejam usadas de maneira apropriada dentro dos módulos.

10.4. CONTEXTO DOS MÓDULOS

O contexto dos módulos refere-se ao ambiente em que um módulo opera, incluindo as variáveis, as funções e os recursos disponíveis. Cada módulo pode ter seu próprio contexto, o que permite maior controle sobre a execução do programa e evita interferências indesejadas entre diferentes partes do código.

1) **Encapsulamento:** o encapsulamento é uma prática que envolve esconder os detalhes internos de um módulo e expor apenas uma interface pública. Isso promove a modularidade e a reutilização de código, permitindo que os desenvolvedores façam alterações internas sem afetar outros módulos.

```python
# Exemplo de encapsulamento em Python
class ContaBancaria:
    def __init__(self, saldo_inicial):
        self.__saldo = saldo_inicial  # Variável privada

    def depositar(self, quantia):
        self.__saldo += quantia

    def sacar(self, quantia):
        if quantia <= self.__saldo:
            self.__saldo -= quantia
            return True
        else:
            return False
    def consultar_saldo(self):
        return self.__saldo
```

```
conta = ContaBancaria(100)
conta.depositar(50)
print(conta.consultar_saldo())  # Saída: 150
# print(conta.__saldo)  # Erro: __saldo é uma variável
    privada
```

2) Interação entre módulos: a interação entre módulos é feita por meio de interfaces bem definidas. Módulos podem se comunicar por chamadas de função, troca de mensagens ou uso de APIs (*Application Programming Interfaces*).

```java
// Exemplo de interação entre módulos em Java
package com.exemplo.banco;

public class Conta {
    private double saldo;

    public Conta(double saldoInicial) {
        this.saldo = saldoInicial;
    }

    public void depositar(double quantia) {
        saldo += quantia;
    }

    public boolean sacar(double quantia) {
        if (quantia <= saldo) {
            saldo -= quantia;
            return true;
        }
        return false;
    }

    public double getSaldo() {
```

        return saldo;
    }
}
// Outro módulo interagindo com Conta
package com.exemplo.banco;

public class Banco {
    public static void main(String[] args) {
        Conta conta = new Conta(1000);
        conta.depositar(500);
        System.out.println("Saldo: " + conta.getSaldo()); // Saída: Saldo: 1500
    }
}

- **Conclusão**

A modularização é uma técnica poderosa que facilita a gestão de sistemas complexos, promovendo a reutilização de código, a manutenção e a escalabilidade. Por meio do uso de módulos, é possível desenvolver software de maneira mais organizada e eficiente, garantindo que diferentes partes do sistema possam evoluir de forma independente e sem conflitos. Compreender e aplicar conceitos como escopo de variáveis e contexto dos módulos é essencial para o desenvolvimento de software robusto e de alta qualidade.

QUESTIONÁRIO DO CAPÍTULO 10

1. O que é modularização e por que é importante no desenvolvimento de software?
2. Explique o conceito de módulos em linguagens de programação.
3. Descreva a diferença entre módulos e pacotes.
4. O que é encapsulamento e como ele é implementado em módulos?
5. Explique o conceito de interfaces de módulo.
6. O que são variáveis e funções privadas em um módulo?
7. Descreva a importância de interfaces bem definidas entre módulos.
8. O que é o acoplamento e como a modularização reduz o acoplamento?
9. Explique o conceito de coesão e sua relação com módulos.
10. O que são dependências de módulo e como elas são gerenciadas?
11. Descreva o processo de importação de módulos em Python.
12. O que são bibliotecas e *frameworks*, e como eles se relacionam com a modularização?
13. Explique o conceito de teste de unidade em módulos.
14. O que são módulos reutilizáveis e por que são importantes?
15. Descreva a interação entre módulos com um exemplo prático em Java.
16. O que é a documentação de módulos e qual sua importância?
17. Explique o uso de *namespaces* em linguagens de programação.
18. O que são arquivos de cabeçalho em C/C++ e como eles são utilizados na modularização?
19. Descreva um exemplo de aplicação modularizada em Python.
20. Explique a importância da modularização na manutenção e escalabilidade do software.

CAPÍTULO 11. ARQUIVOS

11.1 CONCEITO DE ARQUIVO

Arquivos são coleções organizadas de dados que são armazenadas em meios digitais. Eles podem conter diversos tipos de informações, desde textos e imagens até dados binários específicos de aplicações. Segundo Silberschatz, Galvin e Gagne (2018, p. 125), um arquivo pode ser definido como "uma sequência de bits armazenada em um dispositivo de armazenamento permanente, organizada de forma que possa ser recuperada e manipulada posteriormente"

Os arquivos são fundamentais para o funcionamento de sistemas computacionais, pois permitem a persistência de dados, essencial para que os sistemas operem de maneira confiável e eficiente. Sem arquivos, as informações processadas pelos computadores seriam voláteis e perdidas após o término de cada sessão de uso.

11.2 ORGANIZAÇÃO DE ARQUIVOS

A organização de arquivos se refere ao modo como os dados são estruturados dentro de um arquivo e como esses arquivos são gerenciados dentro do sistema de armazenamento. Existem várias maneiras de organizar arquivos, incluindo organização sequencial, direta e indexada. Cada método possui suas vantagens e é escolhido com base nas necessidades específicas da aplicação.

11.2.1 Organização Sequencial

Na organização sequencial, os registros são armazenados em uma sequência específica, geralmente na ordem em que foram inseridos. Este tipo de organização é simples e eficiente para operações de leitura de grandes volumes de dados, porém pode ser ineficiente para operações que exigem acesso direto a registros específicos.

11.2.2 Organização Direta

A organização direta permite o acesso a registros de maneira não sequencial, utilizando um algoritmo de dispersão (*hashing*) para determinar a localização de um registro. Este método é eficiente para operações que requerem acesso rápido e direto aos registros, como em sistemas de bancos de dados.

11.2.3 Organização Indexada

Na organização indexada, um índice é utilizado para mapear chaves de acesso às suas respectivas posições de armazenamento. Este método combina a eficiência da organização direta com a flexibilidade da organização sequencial, permitindo um acesso rápido e ordenado aos registros.

11.3 DECLARAÇÃO

A declaração de um arquivo em um programa envolve a definição de sua estrutura e a associação de um identificador que permitirá a manipulação do arquivo pelo software. Em linguagens de programação, a declaração de arquivos geralmente envolve especificar o tipo de acesso (leitura, escrita, ou ambos), o formato dos dados e outras propriedades relevantes.

Exemplo em C:
FILE *arquivo;
arquivo = fopen("dados.txt", "r");

Neste exemplo, o arquivo `dados.txt` é aberto no modo de leitura.

11.4 MANIPULAÇÃO DE ARQUIVOS

A manipulação de arquivos envolve diversas operações básicas que permitem a interação com os dados armazenados. Essas operações incluem a abertura, o fechamento, a leitura, a escrita, a cópia e a exclusão de registros.

11.4.1 Abertura de Arquivo

A abertura de um arquivo é o primeiro passo para a manipulação de seus dados. Este processo envolve a associação de um arquivo físico a um identificador no programa, permitindo que ele seja acessado para operações subsequentes.
Exemplo em Python:
arquivo = open("dados.txt", "r")

11.4.2 Fechamento de Arquivo

O fechamento de um arquivo é uma operação crucial que libera os recursos associados ao arquivo e garante que todos os dados pendentes sejam gravados corretamente.
Exemplo em Java:
arquivo.close();

11.4.3 Copiando um Registro

Copiar um registro de um arquivo envolve a leitura do registro e a escrita de seu conteúdo em outro local. Esta operação é comum em processos de *backup* e duplicação de dados.

11.4.4 Guardando um Registro

Guardar um registro em um arquivo implica adicionar novos dados ao arquivo existente ou substituir dados antigos. Esta operação pode variar desde a simples adição de uma linha de texto até a atualização de complexas estruturas de dados.

11.4.5 Eliminando um Registro

Eliminar um registro de um arquivo envolve remover os dados especificados e, dependendo do sistema, reorganizar o arquivo para preencher o espaço vazio deixado pela remoção.

11.5 ORGANIZAÇÃO SEQUENCIAL

11.5.1 Comando de Entrada

Os comandos de entrada para arquivos sequenciais permitem a leitura de dados de maneira ordenada, começando do início do arquivo até o fim.

Exemplo em C:
```
while (fgets(buffer, sizeof(buffer), arquivo) != NULL) {
    printf("%s", buffer);
}
```

11.5.2 Comando de Saída

Os comandos de saída em arquivos sequenciais permitem a escrita de dados de forma ordenada, geralmente adicionando ao final do arquivo.

Exemplo em Python:
```
arquivo.write("Novo registro\n")
```

11.6 ORGANIZAÇÃO DIRETA

11.6.1 Comando de Entrada

Para arquivos organizados de maneira direta, os comandos de entrada permitem acessar registros específicos utilizando chaves ou índices.

Exemplo em Python:
```
import shelve
```

db = shelve.open('dados')
print(db['chave'])
db.close()

11.6.2 Comando de Saída

Os comandos de saída para arquivos organizados de forma direta permitem a inserção e a atualização de registros específicos de maneira eficiente.

Exemplo em Java:
RandomAccessFile file = new RandomAccessFile("dados.dat", "rw");
file.seek(posicao);
file.writeBytes("Novo registro");
file.close();

11.7 CONSIDERAÇÕES SOBRE GERENCIAMENTO DE ARQUIVOS

O gerenciamento de arquivos é um aspecto crítico para garantir a eficiência e a segurança dos dados armazenados. Isso inclui práticas como controle de versão, *backup* e recuperação de dados, bem como implementação de políticas de segurança para proteger os arquivos contra acessos não autorizados e perdas de dados.

11.7.1 Controle de Versão

O controle de versão é uma prática que permite manter múltiplas versões de um arquivo, possibilitando a restauração de versões anteriores, caso necessário. Ferramentas de controle de versão, como Git e Subversion, são amplamente utilizadas no desenvolvimento de software para rastrear mudanças no código-fonte.

11.7.2 *Backup* e Recuperação de Dados

Realizar *backups* regulares é essencial para a proteção contra a perda de dados. Existem várias estratégias de *backup*, incluindo *backups* completos, incrementais e diferenciais. A recuperação de dados envolve restaurar os arquivos a partir dos *backups* para um estado anterior.

11.7.3 Segurança de Arquivos

A segurança dos arquivos é crucial para proteger informações sensíveis. Isso inclui o uso de criptografia, o controle de acesso baseado em permissões e a implementação de políticas de segurança robustas.

Segundo Tanenbaum e Bos (2015, p. 129), "a criptografia é uma técnica vital para garantir a confidencialidade e a integridade dos dados armazenados em arquivos".

11.8 ARQUITETURAS DE SISTEMAS DE ARQUIVOS

Diferentes sistemas operacionais utilizam várias arquiteturas de sistemas de arquivos para organizar e gerenciar dados. Entre os sistemas de arquivos mais conhecidos estão FAT32, NTFS, ext4 e HFS+.

11.8.1 FAT32

O sistema de arquivos FAT32 (*File Allocation Table* 32) é uma evolução dos sistemas FAT16 e FAT12, e é amplamente utilizado em dispositivos de armazenamento removível devido à sua simplicidade e compatibilidade.

11.8.2 NTFS

O sistema de arquivos NTFS (*New Technology File System*) foi desenvolvido pela Microsoft e oferece suporte a grandes volumes de armazenamento, controle de acesso avançado e recursos de recuperação de falhas.

11.8.3 ext4

O ext4 (*Fourth Extended Filesystem*) é o sistema de arquivos padrão para muitas distribuições Linux. Ele oferece vantagens como suporte a grandes volumes de armazenamento, melhor desempenho e maior confiabilidade em comparação com seus antecessores ext2 e ext3.

11.8.4 HFS+

HFS+ (*Hierarchical File System Plus*) é o sistema de arquivos desenvolvido pela Apple, utilizado em dispositivos macOS. Ele suporta grandes volumes de dados e oferece recursos como *journaling* para proteção contra falhas.

11.9 TÉCNICAS DE OTIMIZAÇÃO DE ARQUIVOS

A otimização de arquivos visa melhorar o desempenho do acesso aos dados e a eficiência do armazenamento. Isso pode ser alcançado por meio de várias técnicas, incluindo compactação de dados, desfragmentação e uso eficiente de índices.

11.9.1 Compactação de Dados

A compactação de dados reduz o tamanho dos arquivos, permitindo uma utilização mais eficiente do espaço de armazenamento e a aceleração da transferência de arquivos. Existem dois tipos principais de compactação: a compactação com perda (*lossy*) e a compactação sem perda (*lossless*).

11.9.2 Desfragmentação

A desfragmentação é o processo de reorganizar os dados em um disco para que os arquivos sejam armazenados em blocos contíguos. Isso melhora o desempenho do sistema ao reduzir o tempo de busca durante a leitura dos arquivos.

11.9.3 Índices

O uso de índices permite um acesso mais rápido aos dados, especialmente em grandes volumes de informações. Índices são estruturas auxiliares que mantêm referências aos dados reais, facilitando operações de busca e recuperação.

11.10 FUTURO DOS SISTEMAS DE ARQUIVOS

Os avanços tecnológicos continuam a moldar o futuro dos sistemas de arquivos, com tendências emergentes como sistemas de arquivos distribuídos, armazenamento em nuvem e integração com tecnologias de *blockchain* para garantir a integridade dos dados.

11.10.1 Sistemas de Arquivos Distribuídos

Sistemas de arquivos distribuídos permitem o armazenamento e o acesso a dados por meio de múltiplos servidores, oferecendo maior escalabilidade e resiliência. Exemplos incluem *Hadoop Distributed File System* (HDFS) e *Google File System* (GFS).

11.10.2 Armazenamento em Nuvem

O armazenamento em nuvem oferece uma solução flexível e escalável para a gestão de arquivos, permitindo que os dados sejam acessados a partir de qualquer lugar com uma conexão à internet. Serviços como Amazon S3, Google Cloud Storage e Microsoft Azure Blob Storage são amplamente utilizados.

11.10.3 *Blockchain*

A integração de *blockchain* com sistemas de arquivos pode proporcionar uma camada adicional de segurança e transparência, garantindo a integridade dos dados e facilitando a auditoria.

Segundo Nakamoto (2008, p. 131), "a tecnologia *blockchain* oferece um registro imutável e seguro, ideal para aplicações que requerem confiança e transparência na gestão de dados"

11.11 CONSIDERAÇÕES FINAIS

O gerenciamento eficaz de arquivos é crucial para o desempenho, a segurança e a integridade dos sistemas de informação. A escolha da organização de arquivos, a implementação de práticas robustas de gerenciamento e a adoção de tecnologias emergentes são fundamentais para enfrentar os desafios do armazenamento e a manipulação de dados na era digital.

QUESTIONÁRIO DO CAPÍTULO 11

1. O que é um arquivo em computação e quais são seus tipos principais?
2. Explique a diferença entre arquivos de texto e arquivos binários.
3. O que é o sistema de arquivos e qual a sua função?
4. Descreva o conceito de organização sequencial de arquivos.
5. O que é organização de arquivos indexada e onde é utilizada?
6. Explique o conceito de acesso direto a arquivos.
7. O que são operações de entrada e saída (I/O) em arquivos?
8. Descreva o processo de abertura e fechamento de arquivos em uma linguagem de programação.
9. O que é leitura e gravação de arquivos em Python?
10. Explique o uso de *buffers* em operações de arquivo.
11. O que é compactação de dados e quais são suas vantagens?

12. Descreva o processo de desfragmentação de discos.
13. O que são índices em sistemas de arquivos e qual sua importância?
14. Explique o conceito de arquivos distribuídos com exemplos.
15. O que é armazenamento em nuvem e quais são suas vantagens?
16. Descreva a integração de *blockchain* com sistemas de arquivos.
17. O que são permissões de arquivo e como elas são gerenciadas?
18. Explique o conceito de criptografia de arquivos.
19. O que é *backup* de dados e qual a sua importância?
20. Descreva o futuro dos sistemas de arquivos com tecnologias emergentes.

CAPÍTULO 12. INOVAÇÕES TECNOLÓGICAS (ATUALIDADES)

12.1 TECNOLOGIAS EMERGENTES EM COMPUTAÇÃO

As tecnologias emergentes em computação estão revolucionando diversas áreas, trazendo inovações que impactam tanto o cotidiano das pessoas quanto processos industriais e científicos. Entre essas tecnologias, destacam-se a computação quântica, a biocomputação e a computação neuromórfica.

12.1.1 Computação Quântica

A computação quântica utiliza princípios da mecânica quântica, como superposição e entrelaçamento, para realizar cálculos de maneira exponencialmente mais rápida do que os computadores clássicos. De acordo com Nielsen e Chuang (2010), a computação quântica tem o potencial de resolver problemas intratáveis para a computação clássica, como a fatoração de grandes números e a simulação de sistemas quânticos.

12.1.2 Biocomputação

A biocomputação combina biologia e computação para criar sistemas que utilizam componentes biológicos, como DNA e proteínas, para processamento de informações. Esses sistemas podem realizar cálculos de maneira paralela e eficiente, abrindo novas possibilidades para a resolução de problemas complexos em bioinformática e medicina.

12.1.3 Computação Neuromórfica

A computação neuromórfica se inspira na estrutura e no funcionamento do cérebro humano para desenvolver sistemas que imitam as redes neurais biológicas. Essa abordagem promete maior eficiência energética e capacidade de aprendizado, sendo especialmente útil para aplicações em IA e robótica.

12.2 IA e AM

A IA e o aprendizado de máquina (AM) estão entre as áreas mais dinâmicas da tecnologia atualmente. Essas tecnologias estão transformando diversos setores, desde a saúde até a indústria de entretenimento.

12.2.1 Aprendizado de Máquina

O aprendizado de máquina é um ramo da IA que permite que os sistemas aprendam e melhorem com a experiência sem serem explicitamente programados. Técnicas como redes neurais, máquinas de vetor de suporte e algoritmos genéticos são amplamente utilizadas para criar modelos preditivos e sistemas adaptativos.

12.2.2 Aplicações da IA

- **Reconhecimento de Voz**

Sistemas de reconhecimento de voz, como Siri, Alexa e Google Assistant, utilizam IA para entender e responder a comandos de voz, facilitando a interação com dispositivos eletrônicos.

- **Visão Computacional**

A visão computacional permite que os sistemas interpretem e entendam informações visuais do mundo, sendo aplicada em áreas como reconhecimento facial, análise de imagens médicas e veículos autônomos.

- **Processamento de Linguagem Natural (PLN)**

O PLN permite que as máquinas compreendam e respondam à linguagem humana, com aplicações que vão desde *chatbots* até sistemas de tradução automática.

12.3 COMPUTAÇÃO EM NUVEM

A computação em nuvem oferece recursos de computação sob demanda pela internet, permitindo escalabilidade, flexibilidade e redução de custos para empresas e indivíduos.

12.3.1 Modelos de Serviço

- **Infraestrutura como Serviço (IaaS)**

A IaaS permite que empresas aluguem recursos de computação, como servidores e armazenamento, sem a necessidade de investir em infraestrutura física.

- **Plataforma como Serviço (PaaS)**

A PaaS fornece um ambiente de desenvolvimento completo, permitindo que os desenvolvedores criem, testem e implantem aplicações sem gerenciar a infraestrutura subjacente.

- **Software como Serviço (SaaS)**

O SaaS oferece aplicações de software acessíveis via internet, como soluções de CRM, ERP e colaboração, eliminando a necessidade de instalações locais.

12.4 IOT

A Internet das Coisas (IoT) refere-se à interconexão de dispositivos inteligentes que comunicam entre si para criar ambientes mais conectados e eficientes.

12.4.1 Aplicações da IoT

- **Casas Inteligentes**

Dispositivos como termostatos, luzes e câmeras de segurança podem ser controlados remotamente, proporcionando conveniência e eficiência energética.

- **Cidades Inteligentes**

A IoT é usada para melhorar a gestão urbana, como o controle de tráfego, a iluminação pública eficiente e o monitoramento ambiental, contribuindo para a sustentabilidade e a qualidade de vida.

- **Indústria 4.0**

A IoT está transformando a manufatura com a automação e otimização de processos produtivos, a manutenção preditiva de equipamentos e o rastreamento de ativos em tempo real.

12.5 CIBERSEGURANÇA E PROTEÇÃO DE DADOS

Com o aumento da digitalização, a cibersegurança e a proteção de dados tornaram-se essenciais para proteger informações sensíveis contra ameaças e ataques cibernéticos.

12.5.1 Técnicas de Proteção

- **Criptografia**

A criptografia é usada para proteger dados em trânsito e em repouso, garantindo que apenas partes autorizadas possam acessá-los.

- **Sistemas de Detecção de Intrusões**

Esses sistemas monitoram redes e sistemas em busca de atividades suspeitas, ajudando a identificar e responder a possíveis ataques.

- **Políticas de Privacidade**

Com legislações como o Regulamento Geral sobre a Proteção de Dados (GDPR) na Europa, estabelecem-se diretrizes rígidas sobre como os dados pessoais devem ser coletados, armazenados e utilizados.

12.6 EXEMPLOS APLICÁVEIS DO CAPÍTULO

12.6.1 Diagnóstico Assistido por IA

Sistemas de IA estão sendo utilizados para desenvolver ferramentas de diagnóstico médico que aumentam a precisão e a velocidade do diagnóstico, especialmente em áreas como radiologia e oncologia.

12.6.2 Automação Industrial

A automação de processos industriais com tecnologias IoT e IA está aumentando a eficiência e reduzindo custos, permitindo a manutenção preditiva e o monitoramento em tempo real.

12.6.3 Educação Personalizada

Plataformas de aprendizado adaptativo utilizam IA para personalizar a experiência de aprendizagem, identificando áreas de dificuldade e oferecendo recursos específicos para melhorar o desempenho dos alunos.

QUESTIONÁRIO DO CAPÍTULO 12

1. O que são tecnologias emergentes em computação?
2. Explique o conceito de computação quântica e suas aplicações.
3. O que é biocomputação e como ela é utilizada?
4. Descreva o conceito de computação neuromórfica.

5. O que é inteligência artificial (IA) e como ela está transformando setores industriais?
6. Explique o aprendizado de máquina e suas principais técnicas.
7. O que é reconhecimento de voz e como ele funciona?
8. Descreva o conceito de visão computacional e suas aplicações.
9. O que é processamento de linguagem natural (PLN)?
10. Explique a computação em nuvem e seus modelos de serviço.
11. O que é infraestrutura como serviço (IaaS)?
12. Descreva a plataforma como serviço (PaaS) e suas vantagens.
13. O que é software como serviço (SaaS) e como ele é utilizado?
14. Explique a IoT e suas aplicações.
15. O que são casas inteligentes e como a IoT as beneficia?
16. Descreva o conceito de cidades inteligentes e a aplicação da IoT.
17. O que é a Indústria 4.0 e como a IoT a transforma?
18. Explique a importância da cibersegurança na era digital.
19. O que é proteção de dados e quais são suas principais técnicas?
20. Descreva o impacto das inovações tecnológicas na vida cotidiana e nos negócios.

CAPÍTULO 13. RESPOSTAS ÀS PERGUNTAS DOS CAPÍTULOS

QUESTIONÁRIO DO CAPÍTULO 1: RESPOSTAS

1. **O que é computação e por que é considerada um campo vasto e em constante evolução?**

   Computação é o estudo e a aplicação de algoritmos e sistemas computacionais para processar, armazenar e comunicar informações. É considerada um campo vasto e em constante evolução devido ao rápido avanço tecnológico, às novas descobertas e às aplicações em diversas áreas da vida moderna.

2. **Cite algumas áreas da vida moderna onde a computação é fundamental.**

   Saúde, educação, comunicação, transporte, entretenimento, segurança, indústria, economia, engenharia e ciência são algumas áreas onde a computação é fundamental.

3. **Como a computação facilita a comunicação global?**

   A computação facilita a comunicação global por meio da internet, das redes sociais, dos *e-mails*, das videoconferências e dos aplicativos de mensagens, permitindo a troca instantânea de informações entre pessoas e organizações em todo o mundo.

4. **Quais são os benefícios da automação de processos produtivos na indústria?**

   A automação aumenta a eficiência, reduz erros, melhora a qualidade dos produtos, diminui custos operacionais, aumenta a segurança dos trabalhadores e permite a produção em larga escala.

5. Descreva como a computação é utilizada na área da saúde.

Na saúde, a computação é utilizada em diagnósticos por imagem, registros eletrônicos de saúde, monitoramento de pacientes, telemedicina, análises de *big data* para pesquisas médicas e desenvolvimento de medicamentos.

6. Como a computação transformou a educação?

A computação transformou a educação por meio do ensino a distância, utilizando plataformas de aprendizagem *online*, recursos multimídia interativos, simulações, ferramentas de colaboração e acesso fácil a informações e materiais de estudo.

7. Quais tecnologias são usadas na gestão de infraestruturas críticas?

Tecnologias como sistemas SCADA, IoT, IA, *big data*, computação em nuvem e cibersegurança são usadas na gestão de infraestruturas críticas.

8. O que é a economia digital e como ela impacta os negócios e os empregos?

A economia digital é a economia baseada em tecnologias digitais, incluindo comércio eletrônico, serviços *online* e tecnologias da informação. Ela impacta os negócios e os empregos ao criar novos modelos de negócios, aumentar a eficiência e a produtividade, e gerar novas oportunidades de emprego em setores tecnológicos.

9. Explique como a simulação e a análise de *big data* aceleram descobertas científicas.

Simulações permitem testar hipóteses e prever comportamentos complexos, enquanto a análise de *big data* permite processar grandes volumes de dados para identificar padrões, tendências e correlações que podem levar a novas descobertas científicas.

10. Qual a importância da cibersegurança na proteção de informações sensíveis?

A cibersegurança protege informações sensíveis contra acesso não autorizado, roubo de dados, ataques cibernéticos e outras ameaças digitais, garantindo a confidencialidade, a integridade e a disponibilidade dos dados.

11. Como a computação está presente no entretenimento e na mídia?

A computação está presente na produção de filmes e animações, em jogos de vídeo, plataformas de *streaming*, redes sociais, edição de áudio e vídeo, e efeitos especiais.

12. De que maneira a computação otimiza sistemas de transporte e logística?

A computação otimiza sistemas de transporte e logística por meio de sistemas de gerenciamento de tráfego, roteirização, monitoramento em tempo real, automação de armazéns e análise de dados para melhorar a eficiência e reduzir custos.

13. Como a computação se integra à Engenharia Civil?

A computação se integra à Engenharia Civil em projetos de construção com software de modelagem 3D, simulações estruturais, gerenciamento de projetos, monitoramento de obras e análise de dados para manutenção de infraestruturas.

14. Quais são os usos da computação na Engenharia Elétrica?

Na Engenharia Elétrica, a computação é usada em projetos de circuitos, automação industrial, sistemas de energia, telecomunicações, controle de processos e desenvolvimento de hardware e software embarcado.

15. Explique a importância da computação na Engenharia Mecânica.

A computação é importante na Engenharia Mecânica para modelagem e simulação de componentes, análise de desempenho, controle de sistemas mecânicos, automação de processos de fabricação e *design* assistido por computador (CAD).

16. Descreva como a computação é aplicada na Engenharia de Software.

Na Engenharia de Software, a computação é aplicada no desenvolvimento de programas e sistemas, gerenciamento de projetos de software, testes e depuração, integração de sistemas e manutenção de software.

17. De que forma a computação auxilia na Engenharia Ambiental?

A computação auxilia na Engenharia Ambiental em modelagem de sistemas ambientais, monitoramento de poluição, gestão de recursos naturais, simulações de impacto ambiental e análise de dados para políticas de sustentabilidade.

18. Como a Engenharia Biomédica se beneficia da computação?

A Engenharia Biomédica se beneficia da computação em diagnóstico por imagem, desenvolvimento de dispositivos médicos, simulação de sistemas biológicos, análise de dados genéticos e monitoramento de pacientes.

19. Por que é importante entender a computação para qualquer indivíduo que interage com tecnologia?

Entender a computação é importante para utilizar tecnologias de forma eficaz, resolver problemas técnicos, proteger dados pessoais, adaptar-se a novas ferramentas e melhorar a produtividade no trabalho e na vida pessoal.

20. Quais são as habilidades práticas desenvolvidas pelo estudo da computação?

As habilidades práticas incluem programação, resolução de problemas, pensamento lógico, análise de dados, *design* de sistemas, cibersegurança, e conhecimento em tecnologias emergentes e aplicações práticas em diversas áreas.

QUESTIONÁRIO DO CAPÍTULO 2: RESPOSTAS

1. **O que é um computador e quais são suas principais funções?**

   Um computador é uma máquina eletrônica que processa dados de acordo com um conjunto de instruções chamado programa. Suas principais funções são entrada de dados, processamento, armazenamento e saída de informações.

2. **Descreva a estrutura básica de um computador.**

   A estrutura básica de um computador inclui a CPU, a memória (RAM e ROM), os dispositivos de entrada e saída, e os dispositivos de armazenamento (como discos rígidos e SSDs).

3. **Quais são os componentes principais do hardware de um computador?**

   Os componentes principais do hardware de um computador são a CPU, a memória (RAM e ROM), a placa-mãe, os dispositivos de armazenamento (HDD e SSD), a fonte de alimentação e os dispositivos de entrada e saída (teclado, *mouse*, monitor etc.).

4. **Explique a diferença entre RAM e ROM.**

   RAM (memória de acesso aleatório) é uma memória volátil usada para armazenar dados temporariamente enquanto o computador está ligado. ROM (memória somente de leitura) é uma memória não volátil que armazena permanentemente instruções necessárias para o *boot* do sistema.

5. **Qual a função do sistema operacional em um computador?**

   O sistema operacional gerencia os recursos do computador, incluindo hardware e software, fornece uma interface para o usuário, e executa e gerencia aplicativos, além de garantir segurança e permitir comunicação entre diferentes partes do sistema.

6. **O que são dispositivos de entrada e saída? Dê exemplos.**

   Dispositivos de entrada permitem ao usuário fornecer dados ao computador (ex.: teclado, *mouse*). Dispositivos de saída permitem ao computador enviar informações ao usuário (p. ex., monitor, impressora).

7. **Como o ciclo de instrução da CPU funciona?**

O ciclo de instrução da CPU funciona em três etapas: busca (*fetch*), decodificação (*decode*) e execução (*execute*). A CPU busca a instrução da memória, decodifica-a para entender o que deve ser feito e, finalmente, executa a instrução.

8. **Diferencie memória primária de memória secundária.**

Memória primária (RAM) é a memória volátil usada para armazenar dados temporariamente enquanto o computador está em uso. Memória secundária (HDD, SSD) é a memória não volátil usada para armazenamento permanente de dados.

9. **O que são supercomputadores e para que são utilizados?**

Supercomputadores são sistemas extremamente poderosos usados para realizar cálculos complexos e processar grandes volumes de dados. São utilizados em pesquisas científicas, simulações climáticas, modelagem de moléculas, e criptografia.

10. **Explique o conceito de *mainframes* e sua utilização.**

Mainframes são computadores grandes e poderosos usados principalmente por grandes organizações para processar grandes volumes de transações e gerenciar bases de dados extensas. São comuns em bancos, empresas de telecomunicações e órgãos governamentais.

11. **Descreva a importância dos computadores pessoais na sociedade.**

Computadores pessoais (PCs) democratizaram o acesso à tecnologia, permitindo que indivíduos tenham ferramentas poderosas para trabalho, educação, comunicação, entretenimento e criação de conteúdo em suas próprias casas.

12. O que são dispositivos móveis e qual a sua relevância?

Dispositivos móveis, como *smartphones* e *tablets*, são portáteis e oferecem acesso à internet, comunicação, aplicativos e multimídia. Eles são relevantes por permitirem conectividade e acesso a informações em qualquer lugar e a qualquer momento.

13. Como os computadores embarcados são utilizados em diferentes setores?

Computadores embarcados são sistemas de computação especializados integrados em dispositivos maiores. Eles são utilizados em automóveis, eletrodomésticos, equipamentos médicos, sistemas de controle industrial e dispositivos de IoT.

14. Qual a importância da evolução dos computadores para a sociedade moderna?

A evolução dos computadores tem impulsionado inovação tecnológica, melhorando a eficiência, a produtividade e a qualidade de vida. Ela tem transformado indústrias, promovido avanços científicos e facilitado a comunicação global.

15. Explique as características dos computadores da primeira geração.

Os computadores da primeira geração (1940-1956) usavam válvulas a vácuo para processamento, eram grandes, caros, consumiam muita energia e geravam muito calor. Exemplos incluem o ENIAC e o UNIVAC.

16. Quais foram as inovações introduzidas pela segunda geração de computadores?

A segunda geração (1956-1963) introduziu transistores, que substituíram as válvulas a vácuo, tornando os computadores menores, mais rápidos, mais baratos e mais eficientes energeticamente. Também introduziu linguagens de programação de alto nível como COBOL e FORTRAN.

17. Descreva os avanços trazidos pela terceira geração de computadores.

A terceira geração (1964-1971) introduziu circuitos integrados (CIs), que permitiram a criação de computadores ainda menores, mais rápidos e mais confiáveis. Essa geração também viu o desenvolvimento de sistemas operacionais e a popularização do uso de terminais interativos.

18. Quais são as características dos computadores da quarta geração?

A quarta geração (1971-presente) é caracterizada pelo uso de microprocessadores, que integraram milhares de transistores em um único *chip* de silício. Isso resultou em computadores pessoais acessíveis e a disseminação da computação em todo o mundo.

19. Como a inteligência artificial e a computação quântica estão moldando a quinta geração de computadores?

A quinta geração de computadores está sendo moldada por avanços em inteligência artificial, que permitem a criação de sistemas mais inteligentes e autônomos, e pela computação quântica, que promete resolver problemas complexos muito mais rapidamente do que os computadores tradicionais.

20. De que maneira os computadores impactam a comunicação, a educação, a saúde e outras áreas da sociedade?

Os computadores impactam a comunicação ao permitir conexões instantâneas globais; na educação, ao fornecer acesso a recursos de aprendizagem *online*; na saúde, ao melhorar diagnósticos e tratamentos; e, em outras áreas, ao aumentar a eficiência e a inovação em processos industriais, financeiros e científicos.

QUESTIONÁRIO DO CAPÍTULO 3: RESPOSTAS

1. **Quem é considerado o "pai da computação" e por quê?**

    Charles Babbage é considerado o "pai da computação" por suas ideias pioneiras no desenvolvimento de máquinas automáticas para cálculos complexos, como a Máquina Diferencial e a Máquina Analítica.

2. **Descreva o funcionamento do ábaco e sua importância histórica.**

    O ábaco é um dispositivo manual de cálculo composto por uma moldura com varetas e contas móveis. Ele permite realizar operações aritméticas básicas e foi um dos primeiros instrumentos usados para facilitar cálculos, desempenhando um papel crucial na história da matemática e da computação.

3. **Quais foram as principais contribuições de Blaise Pascal para a computação?**

    Blaise Pascal inventou a Pascalina, uma das primeiras calculadoras mecânicas capazes de realizar somas e subtrações. Sua contribuição ajudou a estabelecer os fundamentos para o desenvolvimento de futuras calculadoras e computadores.

4. **Explique o funcionamento da Máquina de Leibniz.**

    A Máquina de Leibniz, ou Calculadora de Leibniz, era uma calculadora mecânica capaz de realizar as quatro operações aritméticas básicas (adição, subtração, multiplicação e divisão) através de um sistema de engrenagens e cilindros.

5. **Quem foi Charles Babbage e quais foram suas invenções mais significativas?**

    Charles Babbage foi um matemático e inventor inglês, conhecido por projetar a Máquina Diferencial e a Máquina Analítica. A Máquina Diferencial foi projetada para calcular e imprimir tabelas matemáticas, enquanto a Máquina Analítica é considerada um precursor dos computadores modernos, com componentes como unidade de controle, memória e entrada/saída.

6. O que foi a Máquina Diferencial de Babbage?

A Máquina Diferencial de Babbage era um dispositivo mecânico projetado para calcular funções polinomiais e produzir tabelas matemáticas automaticamente. Embora nunca tenha sido completamente construída durante a vida de Babbage, seu *design* influenciou o desenvolvimento de futuras máquinas de cálculo.

7. Qual a importância da Máquina Analítica de Babbage?

A Máquina Analítica de Babbage é importante por ser um dos primeiros conceitos de um computador programável. Ela incluía componentes fundamentais dos computadores modernos, como unidade de controle, memória, entrada e saída, e a capacidade de executar instruções condicionais e laços.

8. Descreva as contribuições de Ada Lovelace para a computação.

Ada Lovelace escreveu o primeiro algoritmo destinado a ser processado por uma máquina, a Máquina Analítica de Babbage. Ela é considerada a primeira programadora de computadores e previu que essas máquinas poderiam ir além dos cálculos numéricos, manipulando símbolos e criando música e arte.

9. O que foi a primeira geração de computadores e quais suas características?

A primeira geração de computadores (1940-1956) usava válvulas a vácuo para processamento e memória, era muito grande, gerava muito calor, consumia muita energia e era programada em linguagem de máquina. Exemplos incluem o ENIAC e o UNIVAC.

10. Explique a transição da primeira para a segunda geração de computadores.

A transição da primeira para a segunda geração de computadores ocorreu com a substituição das válvulas a vácuo por transistores, que eram menores, mais rápidos, mais eficientes energeticamente e mais confiáveis. Isso levou ao desenvolvimento de computadores mais compactos e acessíveis.

11. Quais foram os avanços tecnológicos da terceira geração de computadores?

A terceira geração de computadores (1964-1971) introduziu circuitos integrados (CIs), que combinaram múltiplos transistores em um único *chip* de silício. Isso resultou em computadores menores, mais rápidos e mais confiáveis, além do desenvolvimento de sistemas operacionais multitarefa.

12. Descreva as principais características da quarta geração de computadores.

A quarta geração de computadores (1971-presente) é caracterizada pelo uso de microprocessadores, que integraram milhares de transistores em um único *chip*. Isso permitiu a produção em massa de computadores pessoais, tornando-os acessíveis ao público em geral.

13. O que são PCs e qual foi seu impacto na sociedade?

PCs são computadores de uso individual, acessíveis e portáteis. Eles democratizaram o acesso à tecnologia, permitindo que pessoas comuns tivessem ferramentas poderosas para trabalho, educação, comunicação, entretenimento e criação de conteúdo em suas casas.

14. Explique o desenvolvimento da internet e sua importância histórica.

A internet se desenvolveu a partir de projetos militares e acadêmicos na década de 1960, evoluindo para uma rede global de comunicação. Sua importância histórica reside em sua capacidade de conectar pessoas e organizações em todo o mundo, facilitando a troca de informações, a colaboração e a inovação.

15. O que é a Lei de Moore e como ela influenciou o desenvolvimento dos computadores?

A Lei de Moore, proposta por Gordon Moore, prevê que o número de transistores em um *chip* de silício dobraria aproximadamente a cada dois anos. Isso tem influenciado o desenvolvimento dos computadores, levando a aumentos exponenciais de poder de processamento e reduções de custo ao longo das décadas.

16. Quem foi Alan Turing e quais foram suas contribuições para a computação?

Alan Turing foi um matemático e cientista da computação britânico, considerado um dos fundadores da ciência da computação. Ele desenvolveu o conceito de máquina de Turing, que formalizou os fundamentos teóricos da computação. Turing também contribuiu significativamente para a criptoanálise durante a Segunda Guerra Mundial.

17. O que foi o ENIAC e por que ele é significativo na história da computação?

O ENIAC (Electronic Numerical Integrator and Computer) foi o primeiro computador eletrônico de uso geral. Ele era programável e capaz de realizar uma vasta gama de cálculos complexos. Sua criação marcou o início da era dos computadores eletrônicos.

18. Descreva a evolução dos sistemas operacionais desde suas origens até hoje.

Os primeiros sistemas operacionais eram simples programas de controle de tarefas para gerenciar operações básicas de hardware. Com o tempo, evoluíram para sistemas mais complexos capazes de gerenciar múltiplas tarefas simultaneamente, suportar interfaces gráficas, fornecer segurança robusta e oferecer uma ampla gama de serviços aos usuários.

19. Qual a importância da linguagem de programação COBOL no desenvolvimento da computação?

COBOL (*Common Business Oriented Language*) foi uma das primeiras linguagens de programação de alto nível, desenvolvida para aplicações de negócios. Ela permitiu que os programas fossem mais legíveis e acessíveis, ajudando a padronizar e popularizar a programação em ambientes corporativos.

20. Como a computação evoluiu com a introdução da IA?

A introdução da IA revolucionou a computação, permitindo o desenvolvimento de sistemas capazes de aprender, adaptar-se e realizar tarefas complexas de maneira autônoma. IA tem aplicações em inúmeras áreas, como saúde, transporte, finanças e interação homem-máquina, ampliando significativamente as capacidades dos sistemas computacionais.

QUESTIONÁRIO DO CAPÍTULO 4: RESPOSTAS

1. O que é processamento de dados e por que é importante?

Processamento de dados é a coleta e manipulação de dados para produzir informações significativas. É importante porque transforma dados brutos em informações úteis para a tomada de decisões, a análise de tendências e a resolução de problemas.

2. Explique a diferença entre dados e informações.

Dados são fatos brutos e sem significado, como números ou textos isolados. Informações são dados processados que têm significado e contexto, tornando-se úteis para a tomada de decisões.

3. Explique o ciclo de vida do processamento de dados.

O ciclo de vida do processamento de dados inclui as etapas de coleta, entrada, processamento, saída e armazenamento de dados. Cada etapa é crucial para garantir que os dados sejam transformados em informações precisas e úteis.

4. **O que é entrada de dados e quais são seus métodos comuns?**

Entrada de dados é a fase em que os dados são inseridos no sistema para processamento. Métodos comuns incluem teclados, *scanners*, sensores, entrada manual, formulários *online* e interfaces de voz.

5. **Descreva o conceito de processamento *batch*.**

Processamento *batch* é a execução de um conjunto de tarefas de processamento de dados em lote, sem a necessidade de interação contínua com o usuário. Os dados são acumulados e processados de uma só vez, geralmente em horários programados.

6. **O que é processamento em tempo real?**

Processamento em tempo real envolve a análise e a resposta imediata aos dados à medida que eles são gerados. Isso é crucial em aplicações onde a latência deve ser mínima, como monitoramento de saúde e sistemas financeiros.

7. **Explique a importância da verificação de dados.**

A verificação de dados é importante para garantir a precisão, a integridade e a consistência dos dados. Isso minimiza erros e garante que as informações derivadas dos dados sejam confiáveis.

8. **O que são erros de dados e como podem ser evitados?**

Erros de dados são imprecisões ou inconsistências nos dados. Eles podem ser evitados com validação rigorosa, verificação dupla, uso de padrões e automatização de processos de entrada de dados.

9. **Descreva o processo de armazenamento de dados.**

O armazenamento de dados envolve a gravação de dados em meios físicos ou digitais para acesso futuro. Isso pode incluir bancos de dados, armazenamento em nuvem, discos rígidos e outros dispositivos de armazenamento.

10. O que é um banco de dados e quais são seus principais tipos?

Um banco de dados é um sistema organizado para armazenar, gerenciar e recuperar dados. Tipos principais incluem bancos de dados relacionais (SQL), bancos de dados NoSQL, bancos de dados em memória e bancos de dados distribuídos.

11. Explique o conceito de recuperação de dados.

Recuperação de dados é o processo de obter dados de um sistema de armazenamento quando necessário. Isso pode ser feito por meio de consultas em bancos de dados ou busca em sistemas de arquivos.

12. O que é mineração de dados e quais são suas aplicações?

Mineração de dados é o processo de descobrir padrões e informações valiosas em grandes conjuntos de dados. Aplicações incluem *marketing*, análise de fraudes, pesquisa científica e previsão de tendências.

13. Descreva a importância da privacidade e da segurança no processamento de dados.

A privacidade e a segurança são cruciais para proteger dados sensíveis de acesso não autorizado, garantindo que informações pessoais e corporativas sejam mantidas seguras e confidenciais.

14. O que é um *data warehouse* e qual sua função?

Um *data warehouse* é um sistema de armazenamento de dados projetado para análise e relatórios. Ele integra dados de várias fontes, permitindo consultas e análises complexas.

15. Explique a diferença entre dados estruturados e não estruturados.

Dados estruturados são organizados em formatos predefinidos, como tabelas, facilitando a busca e a análise. Dados não estruturados não têm um formato específico, como textos livres, vídeos e imagens.

16. O que é um sistema de gerenciamento de banco de dados (SGBD)?

Um SGBD é um software que facilita a criação, o gerenciamento e a manipulação de bancos de dados, oferecendo uma interface para interagir com os dados de maneira eficiente.

17. Descreva a importância do *backup* de dados.

O *backup* de dados é crucial para garantir que informações importantes possam ser recuperadas em caso de falhas, perdas ou desastres, evitando interrupções nos negócios e perda de dados.

18. O que são *big data* e quais são seus desafios?

Big data refere-se a grandes volumes de dados complexos que não podem ser processados por métodos tradicionais. Desafios incluem armazenamento, processamento, análise e extração de valor útil desses dados.

19. Explique o conceito de inteligência de negócios (BI).

Inteligência de negócios (BI) é o uso de dados e análises para apoiar a tomada de decisões empresariais, proporcionando *insights* para melhorar operações, aumentar a eficiência e identificar novas oportunidades de negócio.

20. Como o processamento de dados é utilizado na tomada de decisões empresariais?

O processamento de dados permite que as empresas transformem dados brutos em informações significativas, apoiando a tomada de decisões informadas, planejamento estratégico e identificação de tendências e oportunidades.

QUESTIONÁRIO DO CAPÍTULO 5: RESPOSTAS

1. **Explique a definição de hardware e a importância dos componentes físicos para a execução de instruções de software em um sistema computacional.**

   Hardware é o conjunto de componentes físicos de um sistema computacional, incluindo CPU, memória, dispositivos de armazenamento, entre outros. Esses componentes são responsáveis pela execução das instruções de software, proporcionando a infraestrutura necessária para o processamento de dados e a execução de tarefas. A qualidade e a arquitetura do hardware impactam diretamente no desempenho e na eficiência do software.

2. **Descreva a arquitetura de uma CPU moderna e suas principais unidades funcionais. Em sua resposta, inclua o papel da Unidade Lógica e Aritmética (ALU) e o da Unidade de Controle.**

   Uma CPU moderna é composta por várias unidades funcionais, incluindo a Unidade de Controle, a Unidade Lógica e Aritmética (ALU), os registradores e a memória cache. A ALU realiza operações matemáticas e lógicas, enquanto a Unidade de Controle coordena a execução das instruções, gerenciando o fluxo de dados dentro da CPU. As CPUs modernas também incluem preditores de ramificação e *pipelines* para otimizar a execução.

3. **Comente sobre as diferenças entre as arquiteturas x86, ARM e RISC-V. Qual o impacto dessas diferenças na eficiência de processamento e no consumo de energia?**

   As arquiteturas x86 são baseadas em CISC (*Complex Instruction Set Computing*), o que as torna eficientes em processamento complexo, mas menos eficientes em termos de energia. A arquitetura ARM, baseada em RISC (*Reduced Instruction Set Computing*), é otimizada para baixo consumo de energia e desempenho em dispositivos móveis. RISC-V é uma arquitetura *open-source* que permite flexibilidade e personalização, promovendo baixo consumo de energia e alta eficiência. As diferenças impactam a escolha de arquitetura conforme o tipo de aplicação, com ARM e RISC-V dominando em dispositivos móveis e x86 em *desktops* e servidores.

4. **Explique como a hierarquia de cache (L1, L2 e L3) contribui para o desempenho de uma CPU e como a memória cache interage com a RAM principal durante a execução de programas.**

A hierarquia de cache é estruturada em diferentes níveis (L1, L2 e L3) para armazenar temporariamente dados de uso frequente, reduzindo o tempo de acesso em comparação com a RAM principal. L1 é a cache mais rápida e menor, próxima ao núcleo da CPU; L2 é intermediária; e L3 é maior, porém mais lenta. A CPU verifica primeiro a cache L1 e, se não encontrar o dado, busca nos níveis superiores até a RAM, garantindo menor latência e maior desempenho.

5. **Analise o papel dos registradores dentro da CPU e a diferença entre registradores de propósito geral e registradores de propósito específico, como o Contador de Programa (PC).**

Registradores são pequenas unidades de armazenamento dentro da CPU que armazenam dados temporários e instruções em execução. Registradores de propósito geral podem ser usados para qualquer tipo de operação, enquanto registradores de propósito específico, como o Contador de Programa (PC), têm funções definidas, como armazenar o endereço da próxima instrução a ser executada. Os registradores garantem acesso ultrarrápido a dados essenciais para a CPU.

6. **Explique a técnica de *pipeline* de instruções e como ela otimiza a execução de comandos em uma CPU. Descreva cada estágio do *pipeline* e os possíveis desafios, como as previsões de ramificações.**

Pipeline é uma técnica que divide a execução de instruções em etapas (*fetch*, *decode*, *execute*, *memory access* e *write back*), permitindo que múltiplas instruções sejam processadas simultaneamente em diferentes estágios. Isso melhora a eficiência da CPU. Desafios incluem previsões de ramificação incorretas (*branch mispredictions*), que podem causar "bolhas" no *pipeline*, reduzindo o desempenho.

7. **Compare as memórias SRAM e DRAM em termos de arquitetura, velocidade e aplicação. Justifique o uso da SRAM em caches de CPU e da DRAM como memória principal.**

SRAM (*Static RAM*) é mais rápida e consome menos energia em estado de leitura/escrita, mas é mais cara e ocupa mais espaço. DRAM (*Dynamic RAM*) é mais lenta, requer atualização constante, mas é mais compacta e econômica. Por isso, SRAM é usada em caches de CPU, onde a velocidade é crítica, e DRAM é usada como memória principal para oferecer maior capacidade a um custo menor.

8. **Explique a função de uma unidade de predição de ramificação e como ela melhora a performance em CPUs modernas. Inclua um exemplo de como um erro de predição (*branch misprediction*) pode impactar o desempenho.**

A unidade de predição de ramificação tenta prever o caminho que a execução tomará (p. ex., se um "if" será verdadeiro ou falso) para reduzir atrasos no *pipeline*. Um erro de predição força o descarte das instruções pré-carregadas, resultando em perda de ciclos de *clock* e, consequentemente, redução de desempenho.

9. **Descreva as principais diferenças entre HDDs e SSDs, considerando aspectos como arquitetura, desempenho, durabilidade e aplicações típicas. Como o protocolo NVMe contribui para a *performance* de SSDs modernos?**

HDDs usam discos magnéticos e um braço mecânico para leitura/escrita, são mais lentos e propensos a falhas mecânicas. SSDs utilizam memória *flash*, oferecendo maior velocidade, menor latência e durabilidade superior. O protocolo NVMe (*Non-Volatile Memory Express*) maximiza o desempenho dos SSDs ao permitir acesso paralelo direto ao barramento PCIe, melhorando a taxa de transferência e reduzindo a latência.

10. **Discuta a importância dos barramentos de comunicação no desempenho dos sistemas de E/S. Compare as interfaces PCIe, USB e SATA, considerando fatores como taxa de transferência, latência e aplicações ideais para cada uma.**

PCIe (*Peripheral Component Interconnect Express*) oferece altíssima taxa de transferência e baixa latência, ideal para placas de vídeo e SSDs NVMe. USB é versátil, com taxas de transferência variáveis, e é ideal para periféricos. SATA é mais lenta que PCIe, sendo adequada para HDDs e SSDs de baixo custo.

11. **Explique como o uso de memória ECC (*Error-Correcting Code*) em servidores contribui para a integridade dos dados e a confiabilidade do sistema. Quais são os cenários mais adequados para a utilização desse tipo de memória?**

A memória ECC é capaz de detectar e corrigir automaticamente erros de um único bit, garantindo a integridade dos dados e reduzindo o risco de falhas em sistemas críticos. Isso é essencial em servidores, bancos de dados e sistemas que lidam com grandes volumes de informações, onde a corrupção de dados pode ter consequências graves. O uso de ECC é recomendado em ambientes nos quais a confiabilidade e a precisão dos dados são prioridades, como em *data centers* e aplicações científicas.

12. Descreva a evolução das tecnologias de memória DDR (*Double Data Rate*), abordando desde o DDR1 até o DDR5. Quais foram as melhorias introduzidas em termos de largura de banda, consumo de energia e densidade de armazenamento?

A evolução das memórias DDR trouxe melhorias significativas em largura de banda, redução de consumo de energia e aumento da densidade de armazenamento. DDR1 introduziu a transferência de dados em bordas de subida e descida do *clock*. DDR2 e DDR3 aprimoraram a eficiência energética e a taxa de transferência. DDR4 aumentou ainda mais a largura de banda e reduziu a voltagem. DDR5, a mais recente, oferece o dobro de largura de banda e melhor eficiência, suportando maior densidade de armazenamento e menor latência.

13. Diferencie entre os sistemas de resfriamento a ar e a líquido em termos de eficiência térmica, custo e complexidade de instalação. Quando cada um desses sistemas deve ser considerado em uma configuração de hardware?

O resfriamento a ar é mais simples, barato e fácil de instalar, mas menos eficiente em dissipação de calor intenso. É ideal para PCs convencionais. O resfriamento a líquido é mais complexo, requer manutenção e tem custo mais elevado, porém é muito eficiente para sistemas de alto desempenho, como PCs para jogos e servidores. Deve ser considerado quando a dissipação de grandes quantidades de calor é necessária.

14. Explique como a técnica de *prefetching* (pré-busca) é utilizada em arquiteturas de cache para melhorar a eficiência de acesso à memória. Quais são as possíveis desvantagens dessa técnica?

O *prefetching* tenta prever e carregar dados que serão necessários no futuro, minimizando latência. Quando bem implementado, reduz o tempo de espera, mas se a previsão for imprecisa, pode resultar em pré-buscas desnecessárias, aumentando o consumo de energia e ocupando o cache com dados inúteis, o que afeta a eficiência geral.

15. **Analise a função do controlador PFC (*Power Factor Correction*) nas fontes de alimentação e como ele contribui para a eficiência energética e a redução de perdas em sistemas de alta potência.**

O PFC ajusta o fator de potência, tornando o consumo de energia mais eficiente ao alinhar a tensão e a corrente. Isso reduz perdas e aquecimento, especialmente em equipamentos de alta potência, como servidores e estações de trabalho, aumentando a eficiência energética e reduzindo o custo operacional.

16. **Discorra sobre as características e os desafios de implementar sistemas de resfriamento por submersão (*Immersion Cooling*) em *data centers*. Quais são as vantagens em termos de eficiência térmica e custo de operação?**

O resfriamento por submersão envolve submergir componentes em fluidos dielétricos não condutores, dissipando o calor de maneira mais eficiente do que o ar ou a água. Vantagens incluem maior eficiência térmica, menor consumo de energia para resfriamento e redução de ruído. Desafios incluem complexidade de instalação, custo inicial elevado e necessidade de manutenção especializada. É ideal para *data centers* que buscam soluções de alta densidade e sustentabilidade.

17. **Explique o papel dos controladores DMA (*Direct Memory Access*) em sistemas de E/S e como eles aliviam a carga de trabalho da CPU durante operações de transferência de dados. Em quais cenários o uso de DMA é mais vantajoso?**

Controladores DMA permitem que dispositivos de E/S transfiram dados diretamente para a memória, sem intervenção constante da CPU, liberando-a para outras tarefas. O DMA é mais vantajoso em sistemas que realizam grandes transferências de dados, como discos rígidos, placas de rede e controladores de vídeo, aumentando o desempenho geral do sistema.

18. **Comente sobre o conceito de latência em memórias RAM e como diferentes tipos de latência (ex.: CAS Latency) impactam o desempenho de acesso aos dados. Dê um exemplo de como calcular a latência real de um módulo DDR4.**

    Latência refere-se ao tempo necessário para acessar um dado armazenado na RAM. CAS Latency (CL) indica o número de ciclos de *clock* entre o comando de leitura e o início da transferência de dados. A latência real pode ser calculada com a fórmula: Latência Real = (CAS Latency/Frequência do *Clock*) * 1000. Por exemplo, para um módulo DDR4-3200 com CL16, a latência real é: (16/1600) * 1000 = 10 ns.

19. **Discuta a importância do gerenciamento de energia em dispositivos móveis e como arquiteturas como big.LITTLE ajudam a equilibrar desempenho e consumo energético. Inclua exemplos práticos de como esse gerenciamento afeta a experiência do usuário.**

    O gerenciamento de energia é crucial em dispositivos móveis para prolongar a vida útil da bateria. Arquiteturas como big.LITTLE combinam núcleos de alto desempenho (*big*) e núcleos de baixo consumo (*LITTLE*), ativando-os conforme a carga de trabalho. Isso permite economia de energia em tarefas simples, e alta *performance* em tarefas complexas. Por exemplo, durante a navegação na web, apenas os núcleos *LITTLE* são usados, economizando bateria, enquanto jogos e edição de vídeos ativam os núcleos *big* para máximo desempenho.

20. **Explique como a arquitetura de uma placa-mãe influencia a conectividade e a expansão de um sistema. Aborde aspectos como número de *slots* PCIe, suporte a múltiplos canais de**

memória e presença de interfaces de alta velocidade (ex.: Thunderbolt e USB-C).

A arquitetura da placa-mãe define a conectividade e as opções de expansão do sistema, determinando a quantidade de dispositivos que podem ser conectados e a largura de banda disponível para cada um. O número de *slots* PCIe permite a instalação de placas de vídeo, SSDs NVMe e outros periféricos. Suporte a múltiplos canais de memória melhora a largura de banda de acesso, e interfaces de alta velocidade, como Thunderbolt e USB-C, garantem transferência rápida de dados e carregamento. Uma placa-mãe bem projetada é essencial para equilibrar desempenho e conectividade.

QUESTIONÁRIO DO CAPÍTULO 6: RESPOSTAS

1. O que é software e quais são seus principais tipos?

Software é um conjunto de instruções que são executadas por um computador para realizar tarefas específicas. Seus principais tipos incluem:

- **Software de sistema:** inclui sistemas operacionais e utilitários que gerenciam os recursos do computador.
- **Software de aplicação:** compreende programas que ajudam o usuário a realizar tarefas específicas, como processadores de texto, planilhas e navegadores de internet.

2. Descreva a diferença entre software de sistema e software de aplicação.

- **Software de sistema:** inclui o sistema operacional (SO) e utilitários que gerenciam o hardware do computador e fornecem serviços para outros softwares.
- **Software de aplicação:** programas que realizam tarefas específicas para o usuário, como editar textos, planilhas, navegar na internet etc.

3. **O que é um sistema operacional e qual a sua função?**

Um sistema operacional (SO) é um software que gerencia o hardware do computador, fornece uma interface para o usuário interagir com o sistema e gerencia recursos e serviços para outros programas.

4. **Explique o conceito de *drivers* de dispositivo.**

Drivers de dispositivo são programas que permitem que o sistema operacional e outros softwares interajam com o hardware do computador. Eles traduzem comandos de software em ações que o hardware pode executar.

5. **O que é um software utilitário e qual a sua importância?**

Software utilitário é um programa que realiza tarefas de manutenção e otimização do sistema, como antivírus, ferramentas de *backup* e desfragmentadores de disco. Eles são importantes para manter o bom desempenho e a segurança do sistema.

6. **Descreva o que é um software de programação.**

Software de programação é uma ferramenta utilizada por desenvolvedores para escrever, testar e manter programas de computador. Exemplos incluem editores de texto, compiladores e ambientes de desenvolvimento integrados (IDEs).

7. **O que é um software de banco de dados?**

Um software de banco de dados é um sistema que permite a criação, a gestão e a manipulação de bases de dados, facilitando o armazenamento, a recuperação e a manipulação de dados. Exemplos incluem MySQL, Oracle e PostgreSQL.

8. **Explique o conceito de licença de software.**

Licença de software é um contrato que especifica como um software pode ser usado e distribuído. Pode incluir restrições sobre o uso, a modificação e a redistribuição do software.

9. **O que é um software de código aberto e quais são suas vantagens?**

Software de código aberto é aquele cujo código-fonte está disponível para ser utilizado, modificado e distribuído por qualquer pessoa. Suas vantagens incluem maior flexibilidade, segurança e colaboração da comunidade de desenvolvedores.

10. **Descreva a diferença entre software proprietário e software livre.**

    - **Software proprietário:** é controlado por uma empresa ou indivíduo que não divulga seu código-fonte. Usuários têm restrições de uso e modificação.
    - **Software livre:** usuários têm liberdade para usar, modificar e distribuir o software, e seu código-fonte é aberto.

11. **O que é um software de segurança e qual sua função?**

Software de segurança é um programa que protege o sistema contra ameaças como vírus, *malware* e ataques cibernéticos. Ele inclui antivírus, *firewalls* e *antispyware*.

12. **Explique o conceito de atualização de software.**

Atualização de software envolve a liberação de novas versões de programas para corrigir *bugs*, adicionar funcionalidades ou melhorar a segurança. Isso é importante para manter o software funcional e seguro.

13. **O que são *patches* de software?**

Patches de software são pequenas atualizações que corrigem vulnerabilidades de segurança, *bugs*, ou melhoram a funcionalidade de um software específico.

14. **Descreva a importância dos sistemas de gerenciamento de conteúdo (CMS).**

CMS são plataformas que permitem criar, gerenciar e modificar conteúdo digital de maneira fácil e eficiente. São essenciais para *websites*, *blogs* e portais de notícias, pois facilitam a publicação e a organização do conteúdo.

15. O que é um software de edição de imagens?

Software de edição de imagens é um programa usado para manipular e modificar gráficos e fotos. Exemplos incluem Adobe Photoshop e GIMP.

16. Explique o conceito de virtualização de software.

Virtualização de software é a criação de uma versão virtual (em vez de física) de um recurso, como um sistema operacional, servidor ou dispositivo de armazenamento, permitindo que múltiplos sistemas operacionais ou aplicações rodem em um único hardware físico.

17. O que é um emulador e para que ele é utilizado?

Um emulador é um software que permite que um sistema de computador imite o funcionamento de outro sistema, possibilitando que programas de diferentes plataformas sejam executados em um único sistema.

18. Descreva a importância do software de produtividade.

Software de produtividade inclui programas que ajudam nas tarefas diárias, como processadores de texto, planilhas e softwares de apresentação. Eles são essenciais para aumentar a eficiência e a organização no ambiente de trabalho.

19. O que são aplicativos móveis?

Aplicativos móveis são programas desenvolvidos para rodar em dispositivos móveis, como *smartphones* e *tablets*. Eles podem variar de jogos e ferramentas de produtividade a aplicativos de redes sociais e de comunicação.

20. Explique o conceito de computação em nuvem e seus benefícios.

Computação em nuvem é a entrega de serviços de computação, como servidores, armazenamento e software, pela internet. Seus benefícios incluem escalabilidade, flexibilidade, custo reduzido e acessibilidade a partir de qualquer lugar.

QUESTIONÁRIO DO CAPÍTULO 7: RESPOSTAS

1. O que é uma rede de computadores e quais são seus componentes básicos?

Uma rede de computadores é um sistema de comunicação que interliga dispositivos como computadores, impressoras e outros dispositivos, permitindo a troca de informações e recursos entre eles. Os componentes básicos incluem:

- **Dispositivos:** computadores, servidores, roteadores, *switches*.
- **Meios de transmissão:** cabos (cobre, fibra óptica), ondas de rádio (Wi-Fi).
- **Software:** protocolos de rede, sistemas operacionais de rede.

2. Diferencie LAN, MAN e WAN.

- **LAN (*Local Area Network*):** rede local que cobre uma área geográfica pequena, como uma residência ou escritório.
- **MAN (*Metropolitan Area Network*):** rede que abrange uma área maior, como uma cidade ou um *campus* universitário.
- **WAN (*Wide Area Network*):** rede que cobre uma área geográfica extensa, como um país ou continente. A internet é um exemplo de WAN.

3. O que é a topologia de rede e quais são os tipos principais?

Topologia de rede refere-se à configuração física ou lógica de uma rede. Tipos principais incluem:

- **Topologia em estrela:** todos os dispositivos são conectados a um único ponto central.
- **Topologia em barramento:** todos os dispositivos compartilham um único cabo de comunicação.
- **Topologia em anel:** cada dispositivo é conectado a dois outros, formando um anel.

- **Topologia em malha:** cada dispositivo está conectado a vários outros, proporcionando redundância e resiliência.

4. **Explique a função de roteadores e *switches* em uma rede.**

    - **Roteadores:** dispositivos que encaminham pacotes de dados entre redes diferentes, determinando o melhor caminho para cada pacote.
    - ***Switches*:** dispositivos que conectam dispositivos dentro de uma mesma rede, encaminhando pacotes de dados para os dispositivos corretos com base nos endereços MAC.

5. **O que é o modelo OSI e quais são suas camadas?**

    O modelo OSI (*Open Systems Interconnection*) é uma referência de arquitetura para a interconexão de sistemas de comunicação, com sete camadas:

    - **Física:** transmissão de bits brutos por um meio físico.
    - **Enlace de dados:** transferência confiável de dados por um meio físico.
    - **Rede:** determinação do caminho e roteamento dos pacotes.
    - **Transporte:** transferência de dados de forma confiável, com controle de erro e fluxo.
    - **Sessão:** estabelecimento, gerenciamento e terminação de sessões de comunicação.
    - **Apresentação:** tradução, criptografia e compressão de dados.
    - **Aplicação:** serviço de rede para aplicações de software.

6. **Descreva a função de cada camada do modelo OSI.**

    - **Física:** define os meios de transmissão e as características mecânicas, elétricas e funcionais.
    - **Enlace de dados:** estabelece e termina conexões lógicas entre dois dispositivos.
    - **Rede:** gerencia o endereçamento e o roteamento dos pacotes.

- **Transporte:** assegura a transferência de dados entre sistemas finais.
- **Sessão:** estabelece, gerencia e termina sessões entre aplicações.
- **Apresentação:** converte dados entre formatos utilizados na aplicação e na rede.
- **Aplicação:** fornece serviços de rede diretamente aos aplicativos do usuário.

7. **O que é o protocolo TCP/IP e como ele funciona?**

TCP/IP é um conjunto de protocolos de comunicação usados na internet e em redes semelhantes. Funciona em quatro camadas:

- **Camada de Rede de Interface (*link*):** equivalente às camadas física e de enlace do modelo OSI.
- **Camada de Internet:** equivalente à camada de rede do OSI, utiliza o protocolo IP.
- **Camada de transporte:** equivalente à camada de transporte do OSI, utiliza os protocolos TCP e UDP.
- **Camada de aplicação:** equivalente às camadas de sessão, apresentação e aplicação do OSI.

8. **Explique a diferença entre IPv4 e IPv6.**

- **IPv4:** usa endereços de 32 bits, permitindo cerca de 4,3 bilhões de endereços únicos.
- **IPv6:** usa endereços de 128 bits, permitindo um número muito maior de endereços (cerca de 340 undecilhões).

9. **O que é endereçamento IP e como ele é utilizado?**

Endereçamento IP é o método de atribuir um identificador único a cada dispositivo em uma rede usando o protocolo IP. Ele é utilizado para identificar e localizar dispositivos na rede para a troca de dados.

10. Explique o conceito de sub-rede e máscara de sub-rede.

- **Sub-rede:** divisão de uma rede IP maior em redes menores para melhorar a organização e a segurança.
- **Máscara de sub-rede:** um valor usado para distinguir a parte da rede e a parte do *host* de um endereço IP.

11. O que são portas e *sockets* em redes de computadores?

- **Portas:** pontos de acesso nos dispositivos para diferentes tipos de tráfego de rede, identificadas por números (p. ex., porta 80 para HTTP).
- ***Sockets*:** combinação de um endereço IP e um número de porta, formando um ponto de comunicação único para aplicativos de rede.

12. Descreva o processo de encapsulamento de dados.

Encapsulamento é o processo de adicionar cabeçalhos e rodapés aos dados à medida que eles passam por cada camada do modelo OSI, preparando-os para transmissão pela rede.

13. O que é um *firewall* e qual a sua função?

Um *firewall* é um dispositivo de segurança que monitora e controla o tráfego de rede entre redes diferentes, permitindo ou bloqueando tráfego com base em um conjunto de regras de segurança.

14. Explique o conceito de VPN e como ele é utilizado.

VPN (*Virtual Private Network*) cria uma conexão segura e criptografada por meio de uma rede pública, permitindo que dispositivos se comuniquem como se estivessem em uma rede privada.

15. O que é segurança em redes de computadores e quais são suas principais ameaças?

Segurança em redes de computadores envolve práticas e tecnologias para proteger redes contra acessos não autorizados, ataques e violações de dados. Principais ameaças incluem *malware*, *phishing*, ataques DDoS e intrusões.

16. Como a criptografia é utilizada para proteger dados?

Criptografia transforma dados legíveis em um formato codificado que só pode ser decifrado por quem possui a chave correta, protegendo a confidencialidade e a integridade dos dados durante a transmissão e o armazenamento.

17. O que é uma rede ponto a ponto (P2P) e como ela funciona?

Uma rede ponto a ponto (P2P) é uma arquitetura de rede onde todos os dispositivos (nós) têm capacidades equivalentes e podem se comunicar diretamente uns com os outros sem a necessidade de um servidor central. Cada nó pode atuar tanto como cliente quanto como servidor, compartilhando recursos e informações diretamente.

18. Explique o conceito de DHCP e sua função em uma rede.

DHCP (*Dynamic Host Configuration Protocol*) é um protocolo de rede que atribui automaticamente endereços IP e outras configurações de rede a dispositivos em uma rede, facilitando a gestão e a configuração de endereços IP.

19. O que é um servidor DNS e qual a sua importância?

Um servidor DNS (*Domain Name System*) traduz nomes de domínio legíveis por humanos (como www.exemplo.com) em endereços IP numéricos (como 192.168.1.1) que os computadores utilizam para localizar e se comunicar uns com os outros na rede.

20. Descreva a importância da qualidade de serviço (QoS) em redes de computadores.

QoS (*Quality of Service*) refere-se a um conjunto de tecnologias que garantem que certas aplicações ou fluxos de dados em uma rede recebam recursos prioritários. Isso é crucial para aplicações sensíveis à latência, como VoIP (*Voice over IP*), videoconferências e *streaming* de vídeo, garantindo uma *performance* estável e confiável.

QUESTIONÁRIO DO CAPÍTULO 8: RESPOSTAS

1. **O que são estruturas de controle e qual a sua importância na programação?**

    Estruturas de controle são construções que permitem direcionar o fluxo de execução de um programa com base em condições e repetições. Elas são importantes porque permitem que programas realizem tomadas de decisão e repitam operações, aumentando a eficiência e a flexibilidade do código.

2. **Diferencie estruturas de controle sequenciais, condicionais e de repetição.**

    - **Estruturas sequenciais:** executam instruções uma após a outra, na ordem em que aparecem.
    - **Estruturas condicionais:** permitem que um programa escolha diferentes caminhos de execução com base em uma condição (ex.: if-else).
    - **Estruturas de repetição:** permitem que um bloco de código seja executado várias vezes até que uma condição seja satisfeita (ex.: for, while).

3. **Explique o conceito de estrutura sequencial com um exemplo.**

    Uma estrutura sequencial executa comandos em uma ordem específica. Exemplo:

    ```
    a = 5
    b = 10
    soma = a + b
    print("A soma é:", soma)
    ```

    Nesse exemplo, cada linha é executada na ordem em que aparece, resultando na soma de a e b sendo impressa.

4. **O que são estruturas condicionais e quais são os principais tipos?**

Estruturas condicionais permitem que o programa tome decisões com base em condições específicas. Tipos principais incluem if, if-else e switch-case.

5. **Descreva a estrutura condicional "if-else" com um exemplo prático.**

A estrutura if-else permite que um bloco de código seja executado se uma condição for verdadeira, e outro bloco se a condição for falsa.

```
numero = 7
if numero > 0:
    print ("O número é positivo")
else:
    print("O número é negativo ou zero")
```

6. **Explique a estrutura condicional "*switch-case*" e quando ela é utilizada.**

A estrutura switch-case (disponível em algumas linguagens como C e Java) permite a seleção de blocos de código para execução com base no valor de uma variável. Ela é utilizada quando há múltiplas condições que dependem de um único valor.

```
int dia = 3;
switch (dia) {
    case 1:
        System.out.println("Domingo");
        break;
    case 2:
        System.out.println("Segunda-feira");
        break;
```

```
        case 3:
            System.out.println("Terça-feira");
            break;
        // outros casos
        default:
            System.out.println("Dia inválido");
    }
```

7. **O que são operadores relacionais e lógicos em estruturas condicionais?**

   - **Operadores relacionais:** usados para comparar valores (ex.: ==, !=, >, <, >=, <=).
   - **Operadores lógicos:** usados para combinar expressões booleanas (ex.: && para E lógico, || para OU lógico, ! para NÃO lógico).

8. **Descreva o funcionamento de uma estrutura de repetição "for".**

   A estrutura for repete um bloco de código um número específico de vezes, comumente usada para iterar sobre sequências como listas.

   ```
   for i in range(5):
       print(i)
   ```

9. **Qual a diferença entre a estrutura de repetição "while" e "do-while"?**

   - **While:** avalia a condição antes de executar o bloco de código. Se a condição for falsa no início, o bloco pode nunca ser executado.
   - **Do-while:** executa o bloco de código pelo menos uma vez antes de avaliar a condição.

   ```
   // Exemplo em Java
   int i = 0;
   ```

```
while (i < 5) {
  System.out.println(i);
  i++;
}

int j = 0;
do {
  System.out.println(j);
  j++;
} while (j < 5);
```

10. Explique como a estrutura de repetição "for-each" é utilizada em linguagens de programação.

A estrutura for-each é utilizada para iterar sobre elementos de uma coleção ou *array* sem a necessidade de um índice explícito.

```
int[] numeros = {1, 2, 3, 4, 5};
for (int numero : numeros) {
  System.out.println(numero);
}
```

11. O que são laços aninhados e quais são suas aplicações?

Laços aninhados são estruturas de repetição dentro de outras estruturas de repetição. São usadas em aplicações como processamento de matrizes e tabelas.

```
for i in range(3):
    for j in range(3):
        print(f"i: {i}, j: {j}")
```

12. Descreva o conceito de controle de fluxo com a instrução "break".

A instrução break é usada para sair imediatamente de um laço de repetição ou de uma estrutura switch-case.

```
for i in range(10):
    if i == 5:
        break
    print(i)
```

13. Como a instrução "continue" altera o fluxo de um laço de repetição?

A instrução continue interrompe a iteração atual de um laço e continua com a próxima iteração.

```
for i in range(10):
    if i % 2 == 0:
        continue
    print(i)
```

14. Explique o uso da instrução "return" em funções.

A instrução return finaliza a execução de uma função e, opcionalmente, retorna um valor para o chamador da função.

```
def soma(a, b):
    return a + b

resultado = soma(3, 4)
print(resultado)
```

15. O que é uma variável de controle de laço e como ela é utilizada?

Uma variável de controle de laço é usada para controlar o número de vezes que um laço é executado, geralmente definida na inicialização do laço e modificada em cada iteração.

```
for i in range(5):
    print(i)
```

16. Descreva um exemplo prático de uma calculadora simples utilizando estruturas de controle.

```
def calculadora(op, a, b):
    if op == 'soma':
        return a + b
    elif op == 'subtracao':
        return a - b
    elif op == 'multiplicacao':
        return a * b
    elif op == 'divisao':
        return a / b
    else:
        return "Operação inválida"

print(calculadora('soma', 10, 5)) # Output: 15
```

17. O que são blocos de código e como eles melhoram a legibilidade do programa?

Blocos de código são grupos de instruções que são tratados como uma unidade. Eles melhoram a legibilidade do programa organizando o código em partes lógicas e claras.

18. Explique o conceito de escopo de variáveis em estruturas de controle.

O escopo de uma variável define a parte do programa onde a variável é acessível. Variáveis definidas dentro de estruturas de controle geralmente têm escopo local e não são acessíveis fora dessas estruturas.

19. Como as estruturas de controle melhoram a eficiência dos algoritmos?

Estruturas de controle permitem que algoritmos tomem decisões, repitam operações e organizem o fluxo de execução, o que resulta em soluções mais eficientes e menos redundantes.

20. **Descreva a importância da indentação correta em linguagens de programação.**

A indentação correta melhora a legibilidade do código e, em linguagens como Python, é essencial para definir blocos de código e a estrutura do programa.

QUESTIONÁRIO DO CAPÍTULO 9: RESPOSTAS

1. **O que são estruturas de dados e por que são essenciais em ciência da computação?**

Estruturas de dados são maneiras organizadas de armazenar e gerenciar dados para que possam ser utilizados de forma eficiente. Elas são essenciais em ciência da computação porque facilitam a manipulação de grandes volumes de dados, melhoram a eficiência dos algoritmos e são fundamentais para a implementação de sistemas complexos.

2. **Diferencie variáveis compostas homogêneas e heterogêneas.**

- **Variáveis compostas homogêneas:** armazenam múltiplos elementos do mesmo tipo de dado, como *arrays* e matrizes.
- **Variáveis compostas heterogêneas:** armazenam múltiplos elementos de tipos de dados diferentes, como registros (*structs*) e objetos.

3. **Explique o conceito de *arrays* unidimensionais com um exemplo.**

Arrays unidimensionais são listas ordenadas de elementos do mesmo tipo acessados por índices numéricos. Exemplo:
```
numeros = [10, 20, 30, 40, 50]
print(numeros[2])   # Saída: 30
```

4. **O que são matrizes (*arrays* bidimensionais) e como são utilizadas?**

Matrizes são *arrays* bidimensionais que armazenam dados em

linhas e colunas, facilitando o acesso a elementos em duas dimensões. Exemplo de uso:
```
matriz = [
    [1, 2, 3],
    [4, 5, 6],
    [7, 8, 9]
]
print(matriz[1][2])  # Saída: 6
```

5. **Descreva o conceito de listas encadeadas e suas vantagens.**

Listas encadeadas são estruturas de dados onde cada elemento (nó) contém um valor e uma referência ao próximo nó na lista. Suas vantagens incluem facilidade de inserção e remoção de elementos, pois não requerem deslocamento de dados como em *arrays*.

6. **O que são pilhas (*stacks*) e como funcionam?**

Pilhas são estruturas de dados que seguem o princípio LIFO (Last In, First Out), onde o último elemento inserido é o primeiro a ser removido. Operações principais incluem `push` (inserir) e `pop` (remover).

7. **Explique a operação de inserção e remoção em uma pilha.**

- **Inserção (*push*):** adiciona um novo elemento no topo da pilha.
- **Remoção (*pop*):** remove o elemento do topo da pilha e retorna seu valor.

8. **O que são filas (*queues*) e como elas diferem das pilhas?**

Filas são estruturas de dados que seguem o princípio FIFO (First In, First Out), onde o primeiro elemento inserido é o primeiro a ser removido. Diferem das pilhas porque a inserção ocorre no final da fila, e a remoção ocorre no início.

9. **Descreva a operação de inserção e remoção em uma fila.**

- **Inserção (*enqueue*):** adiciona um novo elemento no final da fila.

- **Remoção (*dequeue*):** remove o elemento do início da fila e retorna seu valor.

10. O que são árvores binárias e quais são suas aplicações?

Árvores binárias são estruturas de dados hierárquicas onde cada nó tem no máximo dois filhos (esquerdo e direito). Aplicações incluem representação de expressões matemáticas, árvores de decisão e gerenciamento de hierarquias.

11. Explique o conceito de árvore binária de busca (BST).

Uma árvore binária de busca (BST) é uma árvore binária onde cada nó segue a propriedade: todos os valores à esquerda são menores e todos os valores à direita são maiores do que o valor do nó.

12. O que é uma árvore AVL e como ela difere de uma árvore binária de busca?

Uma árvore AVL é uma árvore binária de busca autobalanceada, onde a diferença de altura entre as subárvores de qualquer nó é no máximo 1. Isso garante operações de inserção, remoção e busca eficientes.

13. Descreva o conceito de grafos e suas representações.

Grafos são estruturas de dados que consistem em nós (vértices) conectados por arestas. Representações comuns incluem listas de adjacência e matrizes de adjacência.

14. O que são listas de adjacência e matrizes de adjacência em grafos?

- **Listas de adjacência:** cada nó tem uma lista de nós adjacentes (conectados diretamente).
- **Matrizes de adjacência:** uma matriz 2D onde o valor na posição (i, j) indica a presença (e peso, se aplicável) de uma aresta entre os nós i e j.

15. Explique o algoritmo de busca em profundidade (DFS) em grafos.

DFS (*Depth-First Search*) é um algoritmo de busca que explora tão profundamente quanto possível cada ramo antes de retroceder. É implementado usando recursão ou uma pilha.

16. O que é o algoritmo de busca em largura (BFS) e quais são suas aplicações?

BFS (*Breadth-First Search*) é um algoritmo de busca que explora todos os nós em um nível antes de passar para o próximo nível. Aplicações incluem encontrar o caminho mais curto em grafos não ponderados e navegação de redes sociais.

17. Descreva a importância das tabelas hash e como elas funcionam.

Tabelas hash são estruturas de dados que mapeiam chaves a valores usando uma função hash para transformar a chave em um índice na tabela. Elas são importantes por permitir buscas, inserções e remoções rápidas.

18. O que são colisões em tabelas hash e como elas podem ser resolvidas?

Colisões ocorrem quando duas chaves diferentes são mapeadas para o mesmo índice. Métodos de resolução incluem encadeamento (listas ligadas) e endereçamento aberto (exploração linear, quadrática).

19. Explique o conceito de registros (*structs*) com um exemplo.

Registros (ou *structs*) são tipos de dados compostos que agrupam variáveis de diferentes tipos sob um único nome. Exemplo:
```
class Produto:
    def __init__(self, id_produto, nome, preco):
        self.id_produto = id_produto
        self.nome = nome
```

    self.preco = preco
produto1 = Produto(1, "Notebook", 1500.00)

20. Descreva a importância da escolha adequada de estruturas de dados na eficiência dos algoritmos.

A escolha adequada de estruturas de dados pode melhorar significativamente a eficiência dos algoritmos em termos de tempo e uso de memória, permitindo soluções mais rápidas e escaláveis para problemas complexos.

QUESTIONÁRIO DO CAPÍTULO 10: RESPOSTAS

1. O que é modularização e por que é importante no desenvolvimento de software?

Modularização é a técnica de dividir um sistema complexo em partes menores e mais gerenciáveis chamadas módulos. É importante porque facilita o desenvolvimento, a manutenção e a escalabilidade de sistemas, promovendo a reutilização de código e a redução de redundâncias.

2. Explique o conceito de módulos em linguagens de programação.

Módulos são unidades funcionais de um programa que realizam tarefas específicas e podem ser desenvolvidas, testadas e mantidas de forma independente. Eles geralmente contêm funções, classes e dados relacionados, agrupados em arquivos separados ou pacotes.

3. Descreva a diferença entre módulos e pacotes.

- **Módulos:** são unidades individuais de código, geralmente representados por arquivos únicos.
- **Pacotes:** são coleções de módulos organizados em diretórios que facilitam a estruturação e a navegação em grandes projetos.

4. **O que é encapsulamento e como ele é implementado em módulos?**

Encapsulamento é o princípio de esconder os detalhes internos de um módulo, expondo apenas o que é necessário por meio de interfaces bem definidas. Em módulos, isso é implementado usando variáveis e funções privadas, que não são acessíveis fora do módulo.

5. **Explique o conceito de interfaces de módulo.**

Interfaces de módulo são as partes do módulo que são expostas e podem ser usadas por outros módulos. Elas definem como as funções e os dados de um módulo podem ser acessados externamente, promovendo a interação segura e eficiente entre módulos.

6. **O que são variáveis e funções privadas em um módulo?**

Variáveis e funções privadas são aquelas que são definidas dentro de um módulo e não são acessíveis fora dele. Elas são usadas para manter o encapsulamento e proteger a integridade dos dados e das operações internas do módulo.

7. **Descreva a importância de interfaces bem definidas entre módulos.**

Interfaces bem definidas são cruciais porque permitem a comunicação clara e eficiente entre módulos, facilitando a integração e a manutenção do sistema. Elas ajudam a prevenir erros e tornam o sistema mais modular e escalável.

8. **O que é o acoplamento e como a modularização reduz o acoplamento?**

Acoplamento refere-se ao grau de dependência entre módulos. A modularização reduz o acoplamento ao dividir o sistema em partes independentes com interfaces bem definidas, permitindo que módulos possam ser desenvolvidos e modificados separadamente.

9. Explique o conceito de coesão e sua relação com módulos.

Coesão refere-se ao grau em que os elementos dentro de um módulo estão relacionados e trabalham juntos para realizar uma tarefa específica. Alta coesão dentro de módulos é desejável, pois torna os módulos mais compreensíveis, reutilizáveis e fáceis de manter.

10. O que são dependências de módulo e como elas são gerenciadas?

Dependências de módulo são as relações em que um módulo depende de outro para funcionar. Elas são gerenciadas por meio do uso de interfaces claras e de ferramentas de gerenciamento de dependências que automatizam a inclusão e atualização dos módulos necessários.

11. Descreva o processo de importação de módulos em Python.

Em Python, módulos são importados usando a instrução import. Por exemplo:

```
import math
print(math.sqrt(16))   # Saída: 4.0
```

Isso permite o uso das funções e classes definidas no módulo math.

12. O que são bibliotecas e *frameworks*, e como eles se relacionam com a modularização?

Bibliotecas são coleções de módulos reutilizáveis que fornecem funcionalidades específicas, enquanto *frameworks* são estruturas completas que fornecem uma base para o desenvolvimento de aplicações. Ambos promovem a modularização ao fornecerem componentes prontos que podem ser integrados facilmente.

13. Explique o conceito de teste de unidade em módulos.

Teste de unidade é o processo de testar partes individuais de um software (módulos) de forma isolada para garantir que funcionem corretamente. Isso ajuda a identificar e corrigir erros precocemente no desenvolvimento.

14. O que são módulos reutilizáveis e por que são importantes?

Módulos reutilizáveis são aqueles que podem ser usados em diferentes partes de um sistema ou em diferentes projetos sem modificações. Eles são importantes porque promovem a eficiência, reduzem a redundância de código e facilitam a manutenção.

15. Descreva a interação entre módulos com um exemplo prático em Java.

```java
package com.exemplo.banco;

public class Conta {
    private double saldo;

    public Conta(double saldoInicial) {
        this.saldo = saldoInicial;
    }

    public void depositar(double quantia) {
        saldo += quantia;
    }

    public boolean sacar(double quantia) {
        if (quantia <= saldo) {
            saldo -= quantia;
            return true;
        }
        return false;
    }
```

```
    public double getSaldo() {
        return saldo;
    }
}

// Outro módulo interagindo com Conta
package com.exemplo.banco;

public class Banco {
    public static void main(String[] args) {
        Conta conta = new Conta(1000);
        conta.depositar(500);
        System.out.println("Saldo: " + conta.getSaldo());  // Saída: Saldo: 1500
    }
}
```

Este exemplo mostra como a classe Banco interage com a classe Conta .

16. O que é a documentação de módulos e qual sua importância?

Documentação de módulos descreve como usar as funções, as classes e as variáveis dentro de um módulo. Ela é importante porque facilita o entendimento e a utilização correta dos módulos por outros desenvolvedores, além de auxiliar na manutenção do código.

17. Explique o uso de *namespaces* em linguagens de programação.

Namespaces são utilizados para organizar e gerenciar os nomes de elementos como variáveis, funções e classes, evitando conflitos de nomes ao permitir que elementos com o mesmo nome coexistam em contextos diferentes.

18. O que são arquivos de cabeçalho em C/C++ e como eles são utilizados na modularização?

Arquivos de cabeçalho em C/C++ contêm declarações de funções, classes e variáveis que podem ser compartilhadas entre múltiplos arquivos de código-fonte. Eles são usados para facilitar a modularização e a reutilização de código.

```
// exemplo.h
void funcao_exemplo();


// exemplo.c
#include "exemplo.h"
void funcao_exemplo() {
    // implementação da função
}
```

19. Descreva um exemplo de aplicação modularizada em Python.

```
# modulo1.py
def saudacao(nome):
    return f"Olá, {nome}!"


# main.py
import modulo1


nome = "Carlos"
print(modulo1.saudacao(nome))  # Saída: Olá, Carlos!
```

Este exemplo mostra a importação e o uso de uma função de um módulo separado em Python.

20. Explique a importância da modularização na manutenção e escalabilidade do software.

A modularização é crucial porque permite que partes do sistema sejam desenvolvidas, testadas e mantidas de forma independente. Isso facilita a identificação e a correção de problemas, a adição de novas funcionalidades e a adaptação do sistema a mudanças, melhorando a manutenção e a escalabilidade do software.

QUESTIONÁRIO DO CAPÍTULO 11: RESPOSTAS

1. **O que é um arquivo em computação e quais são seus tipos principais?**

   Um arquivo em computação é uma coleção organizada de dados armazenados em meios digitais. Tipos principais incluem arquivos de texto e arquivos binários.

2. **Explique a diferença entre arquivos de texto e arquivos binários.**

   - **Arquivos de texto:** contêm dados em formato legível por humanos, como documentos de texto.
   - **Arquivos binários:** contêm dados em formato legível por máquinas, como executáveis e imagens.

3. **O que é o sistema de arquivos e qual a sua função?**

   Um sistema de arquivos é uma estrutura que um sistema operacional usa para gerenciar e organizar arquivos em um dispositivo de armazenamento. Sua função é facilitar o armazenamento, a recuperação e organização de dados.

4. **Descreva o conceito de organização sequencial de arquivos.**

   Na organização sequencial, os registros são armazenados em uma sequência específica, geralmente na ordem em que foram inseridos. Esse método é eficiente para leitura de grandes volumes de dados, mas menos eficiente para acesso direto.

5. **O que é organização de arquivos indexada e onde é utilizada?**

   Organização de arquivos indexada usa um índice para mapear chaves de acesso às suas posições de armazenamento. É usada em sistemas de bancos de dados para permitir acesso rápido e ordenado aos registros.

6. **Explique o conceito de acesso direto a arquivos.**

   Acesso direto permite que registros sejam acessados de maneira não sequencial, utilizando um algoritmo de dispersão (*hashing*) para determinar a localização de um registro específico.

7. **O que são operações de entrada e saída (I/O) em arquivos?**

   Operações de I/O em arquivos envolvem a leitura e gravação de dados de e para arquivos armazenados em dispositivos de armazenamento, permitindo a interação do software com os dados.

8. **Descreva o processo de abertura e fechamento de arquivos em uma linguagem de programação.**

   - **Abertura:** um arquivo é associado a um identificador no programa, permitindo seu acesso.
     arquivo = open('dados.txt', 'r')
   - **Fechamento:** Libera os recursos associados ao arquivo.
     arquivo.close()

9. **O que é leitura e gravação de arquivos em Python?**

   - **Leitura:** obtém dados de um arquivo.
     with open('dados.txt', 'r') as arquivo:
     conteudo = arquivo.read()
   - **Gravação:** escreve dados em um arquivo.

     with open('dados.txt', 'w') as arquivo:
     arquivo.write('Novo conteúdo')

10. **Explique o uso de *buffers* em operações de arquivo.**

    Buffers são áreas de memória temporária usadas para armazenar dados durante operações de I/O, melhorando a eficiência ao reduzir o número de operações diretas no disco.

11. **O que é compactação de dados e quais são suas vantagens?**

    Compactação de dados reduz o tamanho dos arquivos para

economizar espaço de armazenamento e aumentar a eficiência de transmissão de dados. Vantagens incluem menor uso de espaço em disco e redução no tempo de transferência de dados.

12. Descreva o processo de desfragmentação de discos.

Desfragmentação reorganiza os dados no disco para que os arquivos sejam armazenados em blocos contíguos, melhorando a eficiência de leitura e gravação.

13. O que são índices em sistemas de arquivos e qual sua importância?

Índices são estruturas que mantêm referências aos dados reais, facilitando operações de busca e recuperação rápida.

14. Explique o conceito de arquivos distribuídos com exemplos.

Arquivos distribuídos são armazenados e acessados por meio de múltiplos servidores, oferecendo escalabilidade e resiliência. Exemplos incluem HDFS (*Hadoop Distributed File System*) e GFS (*Google File System*).

15. O que é armazenamento em nuvem e quais são suas vantagens?

Armazenamento em nuvem permite que dados sejam armazenados e acessados via internet. Vantagens incluem flexibilidade, escalabilidade e acessibilidade de qualquer lugar com conexão à internet.

16. Descreva a integração de *blockchain* com sistemas de arquivos.

Blockchain pode ser integrado a sistemas de arquivos para adicionar uma camada de segurança e transparência, garantindo a integridade dos dados e facilitando auditorias.

17. O que são permissões de arquivo e como elas são gerenciadas?

Permissões de arquivo definem quem pode ler, escrever e executar um arquivo. Elas são gerenciadas pelo sistema operacional usando comandos específicos para definir as permissões.

18. Explique o conceito de criptografia de arquivos.

Criptografia de arquivos envolve a codificação dos dados para protegê-los contra acessos não autorizados, garantindo a confidencialidade e a integridade das informações.

19. O que é *backup* de dados e qual a sua importância?

Backup de dados é a cópia de dados para um local seguro, permitindo a recuperação em caso de falha, perda ou corrupção dos dados originais.

20. Descreva o futuro dos sistemas de arquivos com tecnologias emergentes.

O futuro dos sistemas de arquivos está se moldando com tecnologias emergentes como armazenamento em nuvem, *blockchain* e sistemas de arquivos distribuídos, proporcionando maior segurança, eficiência e flexibilidade.

QUESTIONÁRIO DO CAPÍTULO 12: RESPOSTAS

1. O que são tecnologias emergentes em computação?

Tecnologias emergentes em computação são inovações recentes que estão começando a ser aplicadas e têm o potencial de transformar diversas áreas. Exemplos incluem computação quântica, biocomputação, computação neuromórfica e inteligência artificial.

2. Explique o conceito de computação quântica e suas aplicações.

Computação quântica utiliza princípios da mecânica quântica, como superposição e entrelaçamento, para realizar cálculos de maneira exponencialmente mais rápida do que os computadores clássicos. Suas aplicações incluem a fatoração de grandes números, a simulação de sistemas quânticos e a otimização de problemas complexos.

3. O que é biocomputação e como ela é utilizada?

Biocomputação combina biologia e computação para criar sistemas que utilizam componentes biológicos, como DNA e proteínas, para processamento de informações. É utilizada para resolver problemas complexos em bioinformática e medicina, como análise de dados genômicos e desenvolvimento de medicamentos.

4. Descreva o conceito de computação neuromórfica.

Computação neuromórfica se inspira na estrutura e no funcionamento do cérebro humano para desenvolver sistemas que imitam as redes neurais biológicas. Promete maior eficiência energética e capacidade de aprendizado, sendo útil em inteligência artificial e robótica.

5. O que é IA e como ela está transformando setores industriais?

IA é o campo da computação que desenvolve sistemas capazes de realizar tarefas que normalmente requerem inteligência humana. Ela está transformando setores industriais ao automatizar processos, melhorar a eficiência e criar novas oportunidades de inovação em áreas como saúde, transporte e manufatura.

6. Explique o aprendizado de máquina e suas principais técnicas.

Aprendizado de máquina é uma subárea da IA que permite que sistemas aprendam e melhorem a partir de dados sem serem explicitamente programados. Principais técnicas incluem aprendizagem supervisionada, não supervisionada e por reforço.

7. O que é reconhecimento de voz e como ele funciona?

Reconhecimento de voz é uma tecnologia que converte palavras faladas em texto. Funciona utilizando algoritmos de aprendizado de máquina que analisam características acústicas da fala para identificar palavras e frases.

8. Descreva o conceito de visão computacional e suas aplicações.

Visão computacional é o campo da IA que permite que sistemas interpretem e compreendam o mundo visual. Suas aplicações incluem reconhecimento de objetos, análise de imagens médicas e sistemas de segurança e vigilância.

9. O que é processamento de linguagem natural (PLN)?

Processamento de linguagem natural (PLN) é uma subárea da IA que se concentra na interação entre computadores e linguagem humana. O objetivo é permitir que computadores compreendam, interpretem e gerem linguagem natural de maneira útil e significativa.

10. Explique a computação em nuvem e seus modelos de serviço.

Computação em nuvem é a entrega de recursos de computação (como servidores, armazenamento e software) pela internet. Seus modelos de serviço incluem:

- IaaS (Infraestrutura como Serviço): provisão de infraestrutura de TI básica.
- PaaS (Plataforma como Serviço): fornecimento de plataformas de desenvolvimento e implantação.
- SaaS (**Software** como Serviço): aplicativos acessíveis pela internet.

11. O que é infraestrutura como serviço (IaaS)?

IaaS é um modelo de serviço de computação em nuvem que fornece recursos de infraestrutura de TI sob demanda, como servidores, armazenamento e redes, permitindo que as empresas aluguem esses recursos em vez de comprá-los.

12. Descreva a plataforma como serviço (PaaS) e suas vantagens.

PaaS é um modelo de serviço de computação em nuvem que fornece um ambiente de desenvolvimento completo, permitindo que desenvolvedores criem, testem e implantem aplicações sem gerenciar a infraestrutura subjacente. Suas vantagens incluem maior produtividade, menor custo de desenvolvimento e facilidade de escalabilidade.

13. O que é software como serviço (SaaS) e como ele é utilizado?

SaaS é um modelo de serviço de computação em nuvem que oferece aplicativos de software acessíveis pela internet. É utilizado para fornecer uma ampla gama de serviços, como CRM, ERP e colaboração, eliminando a necessidade de instalação local e manutenção.

14. Explique a IoT e suas aplicações.

A IoT refere-se à interconexão de dispositivos inteligentes que se comunicam entre si para criar ambientes mais conectados e eficientes. Aplicações incluem casas inteligentes, cidades inteligentes e automação industrial.

15. O que são casas inteligentes e como a IoT as beneficia?

Casas inteligentes utilizam dispositivos conectados à IoT para proporcionar conveniência e eficiência energética. Exemplos incluem termostatos, luzes e câmeras de segurança que podem ser controlados remotamente.

16. Descreva o conceito de cidades inteligentes e a aplicação da IoT.

Cidades inteligentes usam IoT para melhorar a gestão urbana, como o controle de tráfego, a iluminação pública eficiente e o monitoramento ambiental. Isso contribui para a sustentabilidade e a qualidade de vida dos cidadãos.

17. O que é a Indústria 4.0 e como a IoT a transforma?

A Indústria 4.0 é a transformação digital da manufatura e indústrias relacionadas, integrando IoT, IA e outras tecnologias avançadas para automação e otimização de processos produtivos, manutenção preditiva e rastreamento de ativos.

18. Explique a importância da cibersegurança na era digital.

A cibersegurança é crucial na era digital para proteger informações sensíveis contra ameaças e ataques cibernéticos, garantindo a integridade, a confidencialidade e a disponibilidade dos dados.

19. O que é proteção de dados e quais são suas principais técnicas?

Proteção de dados envolve a aplicação de medidas para garantir a segurança dos dados. Técnicas principais incluem criptografia, controle de acesso e políticas de privacidade.

20. Descreva o impacto das inovações tecnológicas na vida cotidiana e nos negócios.

Inovações tecnológicas transformam a vida cotidiana e os negócios ao melhorar a eficiência, criar novas oportunidades e revolucionar setores como saúde, transporte, educação e comércio.

REFERÊNCIAS BIBLIOGRÁFICAS

Livros e Artigos Impressos:

AHO, A. V.; LAM, M. S.; SETHI, R.; ULLMAN, J. D. **Compilers:** Principles, Techniques, and Tools. 2. ed. Boston: Addison-Wesley, 2006.

ARMBRUST, M. *et al.* A View of Cloud Computing. **Communications of the ACM**, v. 53, n. 4, p. 50-58, 2010.

AUGARTEN, S. **Bit by Bit:** An Illustrated History of Computers. Nova York: Ticknor & Fields, 1984.

BATES, A. W.; SANGRA, A. **Managing Technology in Higher Education:** Strategies for Transforming Teaching and Learning. San Francisco: Jossey-Bass, 2011.

BERNERS-LEE, T.; FISCHETTI, M. **Weaving the Web:** The Original Design and Ultimate Destiny of the World Wide Web by its Inventor. Nova York: Harper Collins, 1999.

CASTELLS, M. **A Galáxia da Internet:** Reflexões sobre a Internet, os Negócios e a Sociedade. Rio de Janeiro: Zahar, 2001.

CASTRO, E. **HTML5 and CSS3:** Visual QuickStart Guide. San Francisco: Peachpit Press, 2012.

CERUZZI, P. E. **A History of Modern Computing**. 2. ed. Cambridge: MIT Press, 2003.

CHEN, X.; LIU, J.; HAN, J.; YU, P. S. Mining Heterogeneous Information Networks for Classifying Objects. **ACM Transactions on Knowledge Discovery from Data (TKDD)**, v. 5, n. 3, p. 1-33, 2012.

CHOU, T. **Cloud:** Seven Clear Business Models. Cupertino: Active Book Press, 2010.

CORMEN, T. H.; LEISERSON, C. E.; RIVEST, R. L.; STEIN, C. **Introduction to Algorithms**. 3. ed. Cambridge: The MIT Press, 2009.

COULOURIS, G.; DOLLIMORE, J.; KINDBERG, T. **Distributed Systems:** Concepts and Design. Boston: Pearson, 2013.

DATE, C. J. **An Introduction to Database Systems**. 8. ed. Boston: Addison-Wesley, 2004.

DAVENPORT, T. H.; PRUSAK, L. **Conhecimento Empresarial:** Como as Organizações Gerenciam o seu Capital Intelectual. 1. ed. Rio de Janeiro: Campus, 1998.

DAVIS, M. **Engines of Logic:** Mathematicians and the Origin of the Computer. Nova York: W. W. Norton & Company, 2000.

DEITEL, H. M.; DEITEL, P. J. **Java:** como programar. 8. ed. São Paulo: Pearson Prentice Hall, 2011.

DEITEL, P. J.; DEITEL, H. M. **Java:** Como Programar. 10. ed. São Paulo: Pearson, 2015.

DHL. **Logistics Trend Radar**. Troisdorf: DHL Customer Solutions & Innovation, 2016.

DÜNDAR, H.; AKÇAYIR, M. Tablet vs. Paper: The Effect on Learners' Reading performance. **International Electronic Journal of Elementary Education**, v. 9, n. 3, p. 583-596, 2017.

ECKERSON, W. W. **Performance Dashboards:** Measuring, Monitoring, and Managing Your Business. 2. ed. Hoboken: Wiley, 2010.

ENDERLE, J. D.; BRONZINO, J. D. **Introduction to Biomedical Engineering**. 3. ed. Burlington: Academic Press, 2012.

EVANS, D. **The Internet of Things:** How the Next Evolution of the Internet is Changing Everything. San Jose: Cisco, 2011.

FEW, S. **Show Me the Numbers:** Designing Tables and Graphs to Enlighten. 2. ed. Burlingame: Analytics Press, 2012.

FOSTER, I. *et al.* **Cloud Computing and Grid Computing 360-Degree Compared**. Proceedings of the 2008 Grid Computing Environments Workshop, 2008. Acesso em: 15 jan. 2025.

FRIEDRICH, G. **Tecnologia e Sociedade:** O Papel Social da Tecnologia. Porto Alegre: Artmed, 2002.

GATES, B. **The Road Ahead**. Nova York: Viking Penguin, 1995.

GOLDSTINE, H. H. **The Computer from Pascal to von Neumann**. Princeton: Princeton University Press, 1972.

GOLDSTINE, H. H. The Electronic Numerical Integrator and Computer (ENIAC). **IEEE Annals of the History of Computing**, v. 18, n. 1, p. 10-16, 1946.

GOODFELLOW, I.; BENGIO, Y.; COURVILLE, A. **Deep Learning**. Cambridge: The MIT Press, 2016.

GROOVER, M. P. **Automation, Production Systems, and Computer-Integrated Manufacturing**. 4. ed. Boston: Pearson, 2014.

GUBBI, J. *et al.* Internet of Things (IoT): A Vision, Architectural Elements, and Future Directions. **Future Generation Computer Systems**, v. 29, n. 7, p. 1645-1660, 2013.

HAN, J.; KAMBER, M.; PEI, J. **Data Mining:** Concepts and Techniques. 3. ed. Amsterdam: Elsevier, 2011.

HENNESSY, J. L.; PATTERSON, D. A. **Computer Architecture:** A Quantitative Approach. 5. ed. San Francisco: Morgan Kaufmann, 2011.

HEY, T.; TANSLEY, S.; TOLLE, K. **The Fourth Paradigm:** Data-Intensive Scientific Discovery. Redmond: Microsoft Research, 2009.

HILLIER, F. S.; LIEBERMAN, G. J. **Introduction to Operations Research:** Modeling and Analysis. 5. ed. Nova York: McGraw-Hill, 2014.

IFRAH, G. **The Universal History of Computing:** From the Abacus to the Quantum Computer. Nova York: John Wiley & Sons, 2001.

ISAACSON, W. **Steve Jobs**. Nova York: Simon & Schuster, 2011.

JENSEN, T.; DUFFY, S.; PARKER, C. M.; STRANDENES, S. P.; SOLVOLL, G. Economic Impacts of Maritime Policy: National *versus* Regional Shipping Interests. **Maritime Policy & Management**, v. 39, n. 5, p. 479-494, 2012.

KUROSE, J. F.; ROSS, K. W. **Redes de Computadores e a Internet:** Uma Abordagem Top-Down. 6. ed. São Paulo: Pearson Prentice Hall, 2017.

LANGUAGES, D. **Programming Languages:** Concepts and Constructs. 2. ed. Boston: Addison-Wesley, 2020.

LAUDON, K. C.; LAUDON, J. P. **Sistemas de Informação Gerenciais**. 12. ed. São Paulo: Pearson, 2014.

LAW, J. **A Dictionary of Business and Management**. 6. ed. Oxford: Oxford University Press, 2014.

LEE, J. *et al.* Industrial Big Data Analytics and Cyber-Physical Systems for Future Maintenance & Service Innovation. **Procedia CIRP**, v. 38, p. 3-7, 2015.

LESK, M. **Understanding Digital Libraries**. 3. ed. San Francisco: Morgan Kaufmann, 2013.

LIAO, Y.; DESCHAMPS, F.; LOURENÇO, E. C.; RAMIREZ, M.; ARMBRUSTER, R. The Impact of the Fourth Industrial Revolution: A Cross-Country/Region Comparison. **Production**, v. 25, n. 2, p. 239-253, 2015.

LUTZ, M. **Learning Python**. 5. ed. Sebastopol: O'Reilly Media, 2013.

MANOVICH, L. **The Language of New Media**. Cambridge: MIT Press, 2001.

MARGULIES, R.; GREENSPAN, R.; FU, K.; ZELTZER, D. **Professional Java E-Commerce**. Birmingham: Wrox Press, 2005.

MELL, P.; GRANCE, T. **The NIST Definition of Cloud Computing**. Gaithersburg, MD: National Institute of Standards and Technology, 2011.

MILLMAN, J. **Microelectronics:** Digital and Analog Circuits and Systems. Nova York: McGraw-Hill, 1979.

MORIMOTO, C. M. **Hardware:** o Guia Definitivo. 11. ed. São Paulo: Novatec, 2010.

MORRISON, P.; MORRISON, E. **Charles Babbage and His Calculating Engines:** Selected Writings by Charles Babbage and Others. Nova York: Dover Publications, 1991.

NAKAMOTO, S. **Bitcoin:** A Peer-to-Peer Electronic Cash System. 2008. Disponível em: https://bitcoin.org/bitcoin.pdf. Acesso em: 15 jan. 2025.

NIELSEN, M. A.; CHUANG, I. L. **Quantum Computation and Quantum Information**. 10. ed. Cambridge: Cambridge University Press, 2010.

NONAKA, I.; TAKEUCHI, H. **The Knowledge-Creating Company:** How Japanese Companies Create the Dynamics of Innovation. Nova York: Oxford University Press, 1995.

PATTERSON, D. A.; HENNESSY, J. L. **Computer Organization and Design:** The Hardware/Software Interface. 5. ed. Cambridge, MA.: Morgan Kaufmann, 2017.

PATTERSON, D. A.; HENNESSY, J. L.; ARGUELLO, D. **Organização e Projeto de Computadores:** A Interface Hardware/Software. 5. ed. Rio de Janeiro: Elsevier, 2013. p. 685.

PORTMAN, M. E.; NATARAJAN, L.; LEVY, R.; PEREZ-CAMPANA, G. From the Margin to the Mainstream: Conceptualizing Blue-Green Infrastructure Performance and Implementation in the Built Environment. **Environmental Science & Policy**, v. 51, p. 140-148, 2015.

PRESSMAN, R. S. **Software Engineering:** A Practitioner's Approach. 8. ed. Nova York: McGraw-Hill, 2014.

RASHEED, A.; SHARMA, A.; GUPTA, V. K. Smart Grid Technology: Applications, Challenges and Future Prospects. **IEEE Access**, v. 7, p. 1-19, 2019.

RICCI, F.; ROKACH, L.; SHAPIRA, B.; KANTOR, P. B. **Recommender Systems Handbook**. New York: Springer, 2011.

RIORDAN, M.; HODDESON, L. **Crystal Fire:** The Invention of the Transistor and the Birth of the Information Age. Nova York: W. W. Norton & Company, 1997.

RUSSELL, S.; NORVIG, P. **Artificial Intelligence:** A Modern Approach. 3. ed. Harlow: Pearson, 2016.

SCHNEIDER, G. P. **Electronic Commerce**. Boston: Cengage Learning, 2017.

SCHNEIER, B. **Data and Goliath:** The Hidden Battles to Collect Your Data and Control Your World. Nova York: W. W. Norton & Company, 2015.

SHEMAN, D.; CRAIG, B. **Introduction to Digital Systems:** Modeling, Synthesis, and Simulation Using VHDL. Cham: Springer, 2018.

SHORTLIFFE, E. H.; CIMINO, J. J. **Biomedical Informatics:** Computer Applications in Health Care and Biomedicine. 4. ed. Londres: Springer, 2013.

SILBERSCHATZ, A.; GALVIN, P. B.; GAGNE, G. **Operating System Concepts**. 9. ed. Hoboken: Wiley, 2018.

SILBERSCHATZ, A.; GALVIN, P. B.; GAGNE, G. **Sistemas Operacionais:** Conceitos e Aplicações. 9. ed. São Paulo: Pearson, 2013.

SOBEL, D. **Longitude:** The True Story of a Lone Genius Who Solved the Greatest Scientific Problem of His Time. Londres: Harper Collins, 1999.

STAIR, R.; REYNOLDS, G. **Principles of Information Systems**. 13. ed. Boston: Cengage Learning, 2017.

STALLINGS, W. **Computer Organization and Architecture:** Designing for Performance. 11. ed. Harlow: Pearson, 2021a.

STALLINGS, W. **Network Security Essentials:** Applications and Standards. 6. ed. Harlow: Pearson, 2021b.

STEIN, D. **Ada:** A Life and a Legacy. Cambridge: MIT Press, 1985.

SWADE, D. **The Cogwheel Brain:** Charles Babbage and the Quest to Build the First Computer. Londres: Little, Brown, 2000a.

SWADE, D. **The Difference Engine:** Charles Babbage and the Quest to Build the First Computer. Nova York: Viking Penguin, 2000b.

TANENBAUM, A. S.; AUSTIN, T. **Structured Computer Organization**. 6. ed. Pearson, 2015.

TANENBAUM, A. S.; BOS, H. **Modern Operating Systems**. 4. ed. Upper Saddle River: Pearson, 2015.

TANENBAUM, A. S.; VAN STEEN, M. **Distributed Systems:** Principles and Paradigms. 3. ed. Harlow: Pearson, 2017.

TANENBAUM, A. S.; WETHERALL, D. J. **Computer Networks**. 5. ed. Upper Saddle River: Pearson Prentice Hall, 2011.

TANENBAUM, A. S.; WETHERALL, D. J. **Redes de Computadores**. 5. ed. São Paulo: Pearson Prentice Hall, 2011.

TAPSCOTT, D. **The Digital Economy:** Rethinking Promise and Peril in the Age of Networked Intelligence. 2. ed. Nova York: McGraw-Hill Education, 2014.

TAUBENBÖCK, H.; ESCH, T.; FELDMEIER, H.; KLUßER, T.; DECH, S. Spatial Resolution of Remote Sensing Data: The Impact on Urban Research. *In*: **Remote Sensing of Environment**. Amsterdã: Elsevier, 2012.

TURING, A. M. On Computable Numbers, with an Application to the Entscheidungsproblem. **Proceedings of the London Mathematical Society**, v. 42, p. 230-265, 1936.

WILLIAMS, M. R. **A History of Computing Technology**. 2. ed. Los Alamitos: IEEE Computer Society Press, 1997.

YANEZ, M.; KHALIFA, M.; MURRAY-TUITT, P. **Transport Infrastructure Evaluation Using Life Cycle Cost Analysis and Integrated Sustainability Framework**. Alexandria: American Society of Civil Engineers, 2010.

Sites e Materiais Online:

ALTIUM. **Capturing Logical System Design**. 2023. Disponível em: https://www.altium.com/documentation/altium-designer/capturing-logical-system-design. Acesso em: 3 ago. 2024.

BRASIL ESCOLA. **Inteligência Artificial**. [S.d.]. Disponível em: https://brasilescola.uol.com.br/informatica/inteligencia-artificial.htm. Acesso em: 3 ago. 2024.

COMSOL. **COMSOL Multiphysics**. [S.d.]. Disponível em: https://www.comsol.com/comsol-multiphysics. Acesso em: 3 ago. 2024.

GADGET AKIDES. **CPU Cooler RGB Alseye H120D**. Disponível em: https://www.gadgetakides.com/cpu-cooler-rgb-alseye-h120d.html/. [S.d.]. Acesso em: 4 ago. 2024.

HANNOVER.DE. **Leibniz Calculating Machine**. 2019. Disponível em: https://www.hannover.de/en/Tourism-Culture/Event-Highlights/Specials/Year-of-Leibniz-2016/Leibniz-Calculating-Machine. Acesso em: 3 ago. 2024.

HISTÓRIA DO COMPUTADOR. **A Máquina de Pascal**. 2021. Disponível em: https://historiadocomputador.com/a-maquina-de-pascal/. Acesso em: 3 ago. 2024.

INSTITUTO FEDERAL DO CEARÁ. **Diagnóstico assistido por computador traz avanços para a medicina diagnóstica.** IFCE, 2020. Disponível em: https://ifce.edu.br/fortaleza/paineldoconhecimento/reportagens/inovacao/diagnostico-assistido-por-computador-traz-avancos-para-a-medicina-diagnostica. Acesso em: 2 ago. 2024.

I-TECNICO. **Fontes de alimentação: o que são, para que servem.** 2021. Disponível em: https://www.i-tecnico.pt/fontes-de-alimentacao-o-que-sao-para-que-servem/. Acesso em: 4 ago. 2024.

NAKAMOTO, S. **Bitcoin:** A Peer-to-Peer Electronic Cash System. 2008. Disponível em: https://bitcoin.org/bitcoin.pdf. Acesso em: 3 ago. 2024.

PASS26. **What's New in Revit 2024.** 2024. Disponível em: https://www.pass26.com/blog/whats-new-in-revit-2024/. Acesso em: 3 ago. 2024. PC PER. **Gigabyte GA-EP45-DS3R Motherboard Review.** 2008. Disponível em: https://pcper.com/2008/08/gigabyte-ga-ep45-ds3r-motherboard-review/4/. Acesso em: 4 ago. 2024.

PEDRO MIGÃO. **A Vulnerabilidade da Urna Eletrônica – Parte I.** 2010. Disponível em: https://www.pedromigao.com.br/ourodetolo/2010/06/a-vulnerabilidade-da-urna-eletronica-parte-i/. Acesso em: 4 ago. 2024.

RABISCO DA HISTÓRIA. **A Evolução da Computação:** Da Máquina de Turing à Inteligência Artificial. *[S.d.].* Disponível em: https://rabiscodahistoria.com/a-evolucao-da-computacao-da-maquina-de-turing-a-inteligencia-artificial/. Acesso em: 3 ago. 2024.

REVIEWSAPP. **Visual Studio Code:** A Powerful Tool for All Developers. 2020. Disponível em: https://reviewsapp.org/visual-studio-code-a-powerful-tool-for-all-developers. Acesso em: 3 ago. 2024.

ROBOTICS LAB. **El Mercado Mundial de Robótica se Valoró en Alrededor de US$ 34 mil millones en 2019 y se Espera que Crezca Exponencialmente en 2020**. Robotics Lab, 2020. Disponível em: https://roboticslab.pe/el-mercado-mundial-de-robotica-se-valoro-en-alrededor-de-us-34-mil-millones-en-2019-y-se-espera-que-crezca-exponencialmente-en-2020/. Acesso em: 2 ago. 2024.

REFERÊNCIAS BIBLIOGRÁFICAS

TECNOBLOG. **ENIAC:** Primeiro Computador do Mundo Completa 65 Anos. 2011. Disponível em: https://tecnoblog.net/especiais/eniac-primeiro-computador-do-mundo-completa-65-anos/. Acesso em: 3 ago. 2024.

UNA AGUJA EN UN PAJAR. **¿Qué son los beneficios y cuáles los mejores LMS?** Una Aguja en un Pajar, 2021. Disponível em: https://unaagujaenunpajar.es/que-son-los-beneficios-y-cuales-los-mejores-lms/. Acesso em: 2 ago. 2024.

WIKIPÉDIA. **Computador Quântico**. Disponível em: https://pt.wikipedia.org/wiki/Computador_qu%C3%A2ntico. 2013. Acesso em: 3 ago. 2024.

WIKIPÉDIA. **Intel 4004**. Disponível em: https://pt.wikipedia.org/wiki/Intel_4004. 2013. Acesso em: 3 ago. 2024.

WIKIPÉDIA. **Máquina Analítica**. 2009. Disponível em: https://pt.wikipedia.org/wiki/M%C3%A1quina_anal%C3%ADtica#/media/Ficheiro:AnalyticalMachine_Babbage_London.jpg. Acesso em: 3 ago. 2024.

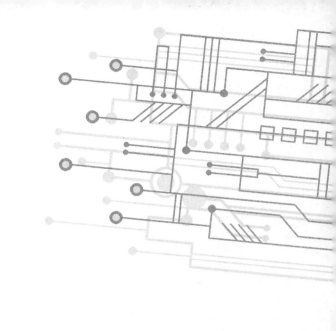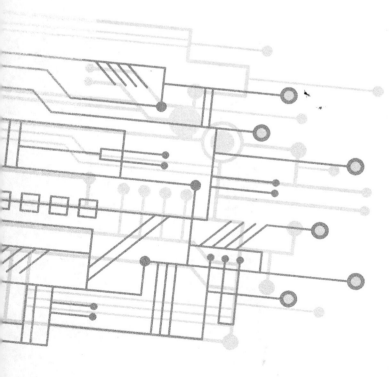